**Asquerología**

Primera edición: febrero de 2016

D. R. © 2015, ADOSAGUAS CONTENIDOS MULTIPLATAFORMA

D. R. © 2015, Penguin Random House Grupo Editorial, S. A de C. V.
Blvd. Miguel de Cervantes Saavedra núm 301, 1er piso,
colonia Granada, delegación Miguel Hidalgo, C. P. 11520,
México D. F.

www.megustaleer.com.mx

Textos, diseño y maquetación: Adosaguas Contenidos Multiplataforma

ISBN: 978-607-31-4054-6

Impreso en México – *Printed in Mexico*

El papel utilizado para la impresión de este libro ha sido fabricado a partir de
madera procedente de bosques y plantaciones gestionadas con los más altos
estándares ambientales, garantizando una explotación de los recursos sostenible
con el medio ambiente y beneficiosa para las personas.

Penguin
Random House
Grupo Editorial

# SUMARIO

## Asquerología humana    8

Aquí te cuento los **secretillos humanos** más asquerosos. Después de leerlo no te quedará ninguna duda sobre *pedos, cacas y otras asquerosidades.*

## Costumbres asquerosas    72

*Hay quien se come los mocos* y *hay quien come carne podrida.* ¡Da igual! Ni los mocos ni la carne echada a perder son el alimento del futuro. ¿Sabes cuál es? **Mira, mira, ya verás qué asquito.**

## Asquerología al microscopio    96

**¡Las asquerosidades más terribles no se encuentran a simple vista!** Me armé de valor y puse a los bichos más asquerosos bajo el microscopio. **¡Atención, que dan miedito!**

## Animales asquerosos    130

*Si tu mascota es una rata* no creas que es asquerosa, **¡hay animalitos muuucho más asquerositos!**

UN CIENTÍFICO ASQUEROLÓGICO

**Me gusta la ciencia y por eso SOY CIENTÍFICO.**
Pero mientras mis colegas estudian otros planetas, reacciones químicas en las estrellas o cómo viajar al centro de la Tierra, *la verdadera ciencia para mí, la más desconocida, curiosa y emocionante,* es la **ASQUEROLOGÍA.**

Cuando era pequeño como perro salchicha hacía **bolas gigantes de mocos.** A veces les ponía pestañas y parecían arañas verdes y peludas. **¡Puaj!** O guardaba mi pipí en un bote, para ver si salía moho. Mi primera investigación científica fue mezclar pipí, aceite y jugo de kiwi. *¡Aquello olía fatalísimamente mal!*

Con el tiempo fui perfeccionando las mezclas y pócimas. Lo que más me llamaba la atención era que *no podía crear caca humana de forma artificial.* **¡Es imposible!** Así que pensé que los humanos somos un auténtico laboratorio: pipí, pedos, caca, sudor, pelos... *¡Asquerosidades bastante interesantes que nadie había investigado en profundidad!*

Me puse guantes y gafas para empezar con la tarea. *¡No hay nada más alucinante que embotellar una ventosidad y analizar su composición química!*

Por cierto, soy **Leonardo,** me encanta buscar respuestas científicas a las preguntas más raras, locas y... *¡asquerosas!*

# ASQUEROLOGÍA

**En los primeros siglos de nuestra era,** *la caca, el pedo y la pipí* eran tan naturales que se hacían delante de los demás, cerca de cualquiera y sin ninguna vergüenza. **¡ERA ALGO MUY NORMAL!**

**Pero con el tiempo nos fuimos haciendo más civilizados.** Ya en los libros antiguos empezaron a establecerse leyes para no llenar de caca los caminos, las ciudades y los campamentos. Aún así, ¡en la Edad Media se tiraba la caca y pipí por la ventana! Caía todo a la calle bajo el grito de **«¡Agua va!»**, para avisar a la gente y que se apartara.

**LA ASQUEROLOGÍA** dejó de ser una ciencia al alcance de todos, que respondía a las preguntas sobre las cosas asquerosas, para encerrarse en el *«clóset»*, en *«zonas privadas»* o en el *«inodoro»*.

A partir de ahí ya no se hablaba de la asquerología, no se veía nada asqueroso, *como mucho algo se olía, pero nada más.*

En 1857, el estadounidense Joseph Gayetty **inventó el papel higiénico.** Esto fue toda una revolución en la **ASQUEROLOGÍA HUMANA.** Hasta entonces la humanidad había utilizado palos, piedras y hojas del campo para lo que imaginas. Fíjate, nuestra historia tiene más de dos mil años de antigüedad, llevamos haciendo caca miles y miles de años. ¡Pero el papel higiénico se inventó hace menos de doscientos años!

CONCLUSIÓN:

O somos muy cochinos o somos muy torpes para inventar.

FÍJATE:

¡Mucho antes de inventar el papel higiénico creamos la bicicleta!

*Ahora que ya sabemos que la higiene después de hacer caca es más importante que andar en bici,* viene la siguiente pregunta: **¿hacemos más caca ahora que antes?** Y la respuesta es que hacemos **menos caca. ¡Quizá por eso ahora queremos aprender más sobre ella!**

**Desde que poblamos la Tierra nos comemos los mocos, nos mordemos las uñas, evacuamos lo que comemos y bebemos y soltamos gases.** Así que no te rías, amigo, *¿o es que nunca te has preguntado nada sobre las cosas más asquerosas?*

# ¿DE QUÉ ESTÁ HECHA LA CACA?

**¡EHHH!**
**Este olor a caca es inconfundible. ¡Voy a examinarlo!**

La **caca** está hecha de muchas cosas. Tiene un poco de todo. Es **el plato favorito de moscas, gusanos y otros pequeños tragones.**

**INGREDIENTES** y preparación para una ración de CACA (200 gr).

75 % agua

1/3 fibra (la que nosotros no digerimos, pero que a los bichos les encanta)

1/3 bacterias muertas (dan el aroma perfecto)

Gases

Una pizca de sales inorgánicas

Una pizca de **CÉLULAS MUERTAS**

Aderezar con mucosidad y decorar con bacterias vivas

# TIPOS DE CACAS

Según Heaton y Lewis, de la Universidad de Bristol, Gran Bretaña, hay 7 tipos de cacas. Publicaron su estudio por primera vez en el *Diario Escandinavo de Gastroenterología,* en 1997.

# A ELEGIR...

✸ **Cagarrutas**
Bolitas duras como nueces (difícil de expusar).

✸ **Banderilla de carne**
Con forma de salchicha, pero llena de bultos.

✸ **Salchicha para asar**
Con rajaduras en la superficie.

✸ **Hot Dog**
Como una viborita, suave y blandita.

✸ **Estofado**
Pedazos blandos con bordes claros (se expulsan fácilmente).

✸ **Sopa con submarinos**
Pedazos blandos con bordes deshechos.

✸ **Puré**
Aguado, sin trozos sólidos. Enteramente líquido.

**Recuerda:
Caga feliz, caga contento.**

9

# ANATOMÍA DE LA CACA

**Las heces son únicas e irrepetibles.** Nunca encontrarás dos cacas iguales. Cada una tiene su propia identidad, como las huellas dactilares, pero menos duraderas.

✳ **DIÁMETRO IDEAL:**
Entre 2 cm, 5 cm y 5 cm

✳ **LARGO:** 30 cm

✳ **COLOR:** oscuro

¡ERES LA MEJOR!

MISS CACA

**Aunque cada caca es la mejor para su dueño,** no todas pueden presentarse al concurso de **MISS CACA.**

# LOS COMPAÑEROS DE LAS CACAS: PEDOS, PIPÍ...

Una caca nunca llega sola, siempre va acompañada de gases y líquidos que hacen su camino más llevadero. **Estos tres amigos suelen viajar juntos a menudo.**

Cuando **la caca llega a buen puerto,** se despiden todos y cada uno sigue su destino.

**A veces llegan con un estruendo de orquesta,** con instrumentos de viento y percusión, **y otras en silencio,** como si no quisieran avisar que han llegado.

Queramos o no, hemos de ser modestos y reconocer que nuestra caca **no siempre es la ideal. ¡No pasa nada!**

# COSAS DE LAS CACAS

## Mi can come caca

No es un trabalenguas. Si tu perro come caca o has visto a alguno dándose un festín «caculento», no te preocupes que es de lo más normal. Se llama **coprofagia** y no se sabe muy bien por qué alguien se la come.

## Caca al vinagre

¿No quieres que tu perro coma caca? Rocíala generosamente con vinagre y verás cómo ni él ni ningún otro can se acercará al que antes veían como un manjar.

## LA CACA MÁS ANTIGUA DEL MUNDO

Si alguna vez te has preguntado cuál es la primera caca que pobló la Tierra, o al menos si tenemos constancia de ello, hoy vas a descubrirlo: es un enorme excremento fósil de dinosaurio. Esta caca gigante, típica de estos enormes reptiles, se encontró en Canadá. Fue expelida por un Tiranosaurio Rex hace unos 70 millones de años.

# LA CACA EN CIFRAS

Cada persona evacua una media de 150 gramos de caca al día, 4.5 kg de heces al mes. Es decir, 54 kg de excrementos al año. Si en México hay 120 millones de habitantes, eso quiere decir que **al día producimos 18 millones de kilos de caca.** ¡Casi el doble de lo que pesa la Torre Eiffel!

# ¡HUNDIDA!

Si tu caca flota es porque contiene mucho gas. En lugar de salir sonoramente como cualquier flatulencia, el gas queda atrapado en la masa del excremento. **¡Por eso flota!**

# ¿CAFÉ? NO, GRACIAS

El café más caro del mundo, **kopi luwak, se elabora con las heces de la civeta**, un mamífero que se alimenta con cerezas de café y fruta. Durante la digestión, los granos se mezclan con las enzimas de su estómago y son recogidos entre sus heces.

¡Los elefantes evacuan más de **36 kilos de excrementos al día!**

13

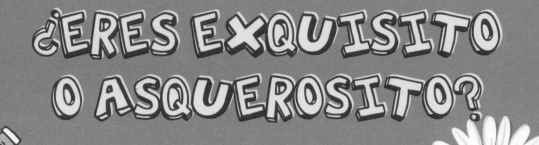

# ¿ERES EXQUISITO O ASQUEROSITO?

¿Y tú cómo eres? Responde a este TEST:

**1 Compartirías el mismo vaso...**

A Si tengo sed, hasta con un vampiro.

B Ni en un laboratorio antibacterias.

**2 Si abres la nevera y huele a cebolla...**

A ¿Pero el jugo sigue sabiendo a jugo?

B ¡Sacas la cabeza por la ventana!

**3 Hay un mosquito en tu comida...**

A Lo quitas, la carne cruda no te gusta.

B ¡Aggg! Se te quita el hambre.

**4 Te encanta el arroz con leche, y tu hermano dejó la mitad en su plato...**

A Te lo echas antes de que cambie de opinión.

B Lástima, habrá que tirarlo.

# TEST

**5** Tu mejor amigo huele a sudor...

[A] Sí, es un poco cochino.

[B] ¡Esos no son amigos!

**6** ¿Sabes lo que es el manicure portugués?

[A] ¡Ja, ja, ja! ¡Tener las uñas llenas de mugre!

[B] Ni idea, ¿es un nuevo cortaúñas?

**7** Si ves pelos en el lavabo...

[A] Mientras salga agua de la llave, da igual.

[B] ¿¡Quién fue el cerdo!?

**8** Si no sabes dónde pegar un moco...

[A] Te lo comes.

[B] ¿Pero qué tipo de test es este?

## Mayoría de A...

Te comerías hasta una serpiente si hiciera falta. Eres un científico todo terreno, je, je, como yo. (¡También me como los mocos!)

## Mayoría de B...

Siendo tan asquerosito es raro que no vivas dentro de una burbuja de oxígeno puro. Eres más pulcro que los guantes de un cirujano.

# BROMA

# CACA CASERA
## (por supuesto, falsa)

**Nada más divertido** que ver la cara de alguien escandalizado por algo que es de mentira. **¡Verás qué risas!**

- Cartón del papel higiénico
- Agua
- Lugar apropiado

**1** Deja el tubo de cartón **en remojo** unos minutos.

H₂O

**2** **Separa las láminas** del tubo y extiéndelas.

**3** **Desmenuza las láminas** en trocitos pequeños.

**4** **Aprieta los trocitos en tu mano bajo el agua,** que empape bien.

**5** **Exprime y amasa** dándole la forma que quieras.

**6** **Déjalo en el lugar que más sorprenda.**

**¡Todos creerán que es lo que parece!**

16

# REGALO CON SORPRESA

Esta broma es ideal para una chica.
**¡Y entre más presumida mejor!**

**1** Recoge **dos cacas de gato**, que estén bien secas y sean blancas.

**2** **Mételas en la cajita** de joyería, envueltas en la bola de algodón blanco.

**3** **Envuelve la cajita con exquisito gusto,** como para hacer un regalo.

**4** Cuando tu amiga **abra la cajita creerá que son pendientes** y rebuscará en el algodón, hasta dar con la **«gata»** sorpresa.

# UTILIDADES DE LA CACA

## SI ES CACA, ¡NO LO TIRES!

¡ABONO RICO, RICO!

### Superusos en la India

Hacen bolitas o discos con caca y la usan como combustible. Con ella abonan la tierra. La humedecen en agua para compactar el polvo de las carreteras en la estación más seca.

### Papel de caca de elefante

En Sri Lanka producen un papel con un 75% de excremento de elefante y un 15% de cartón reciclado. El papel carece de olor. Pero, si se examinan las fibras, se puede saber lo que comió el elefante. **Diez kilos de excrementos producen de 600 a 660 hojas tamaño carta.**

¡SUPERCACA!

# CACAS DE PALOMA

**Los excrementos de las aves** aportan entre **10 mil y 100 mil toneladas de fósforo** al océano y la tierra. La caca de las palomas, la **palomina**, es rica en nitrógeno y en ácido fosfórico, por lo que representa **un abono perfecto** para el cáñamo y el tabaco. Hace siglos era tan importante que en algunas regiones su valor aparecía en documentos y hasta se las peleaban algunos países.

# LA ELECTRICACA

*La fundación Bill & Amanda Gates* financia la máquina **Janicki Omniprocessor.** ¿Sabes lo que hace? **Transforma los deshechos humanos en agua potable y electricidad.** Con los residuos de una comunidad de 100 mil personas, Janicki Omniprocessor produciría 86 mil litros de agua al día y 250 kw de electricidad. **¡Eso sí es reciclar!**

$H_2O$

**Nadie me quiere
Pero todos me tienen
Siempre dejo huella
Y por ser tuya, la más bella.
¿Quién soy?**

La caca.

19

# UTILIDADES DE LA CACA

**¡Cuidado con esa caca, que salpica!**

**En el espacio**
Los residuos que van recogiendo las naves espaciales, **incluidos los excrementos de los astronautas, pueden convertirse en combustible para que regresen de la Luna.**

**La Unidad de Ingeniería Agrícola y Biológica de la Universidad de Florida (EE. UU.)** calcula que el metano producido a partir de restos de comida, envases de alimentos y excrementos puede ser el combustible para volver de la Luna.

# CACA BURGUER

queso

**Mitsuyuki Ikeda**, del Centro de Evaluación Medioambiental de Okayama, **ha creado la Shit Burguer**. Sepas o no inglés, seguro lo entendiste perfectamente. **En efecto, se trata de una hamburguesa de caca.**

Después de eliminar las bacterias, *Ikeda* extrae las proteínas de los excrementos y añade una pasta de soya y salsa para carne, que mejora el sabor y cambia el color. Así consigue una hamburguesa baja en grasas, con un 63% de proteínas. **¡Quizá sea el alimento del futuro!**

## POESÍA

Cagar es un placer
De cagar nadie se escapa;
Cagan el rey y el papa,
Cagan el buey y la vaca.

# CUANDO EL ARTE ES UNA CACA

## Mierda de artista

**¡La obra se llama así!** En la década de 1960, el artista italiano Piero Manzoni creó una serie de 90 latas de conserva. Cada lata pesa 90 gramos. Hasta aquí todo bien. **Lo asquerosito es que las latas contienen sus excrementos conservados al natural.**

Cada lata se vendió como si fuera oro. ¡Y hoy su precio es de cinco cifras!

# CACA HINCHABLE GIGANTE

En 2008, el escultor Paul McCarthy expuso en el Museo de Arte Moderno de Berna (Suiza) una descomunal caca inflable de perro. Las amarras que la sujetaban se rompieron y la caca gigantesca echó a volar. **Rompió los cristales de varios edificios y tiró una línea eléctrica.** ¡Después de ver una inmensa caca volando ya nadie se sorprende cuando ve a un burro por los aires!

# VENUS DE EXCREMENTO

El famoso escultor chino Zhu Cheng creó una réplica de la **Venus de Milo con excrementos de oso panda.** La escultura se expuso en una vitrina transparente; ¿sería para que el olor no ahuyentase a los visitantes? El caso es que no hizo falta exponerla mucho tiempo, pues la compró un coleccionista suizo por casi 600 mil pesos.

¿TE APETECE UN TÉ?

El biólogo chino An Yanshi ha elaborado el té más caro del mundo con excrementos de oso panda. **¡1 kilo de este té cuesta 54 mil pesos!**

# TEST ¿ERES CAGÓN?

Para saber cómo eres de cagón, responde a este TEST:

**1 ¿Te da miedito dormir solo?**

**A** Solo si ves una película de miedo antes de dormir.

**B** No duermes solo, tienes 53 peluches en tu cama.

**2 Velocidad de carrera para ir al baño...**

**A** A paso normal, ¡no hay prisa!

**B** ¡Pies, para qué los quiero!

**3 ¿Y si NO hay papel higiénico?**

**A** Gritas como loco «¡¡¡paaaapeeeel!!!»

**B** Tienes recursos, ¡estás acostumbrado!

**4 Cuando sales del baño...**

**A** No sobreviven las plantas en diez metros a la redonda.

**B** ¡Tu caca no huele!

Voy al trono, **a plantar un pino, a lanzar un misil, a liberar a Willy, a ver Chi-cago.** ¡O sea, que voy a hacer caca!

## 5 ¿Pants o pantalón?

**A** Depende de la ocasión. ¡Anda, y rima!

**B** Siempre pants, ¡odias los cierres!

## 6 Lo peor de ir a la playa...

**A** Las medusas, los escorpiones...

**B** ¿Puedes creer que NO hay baños públicos?

## 7 Cuando estás nervioso...

**A** Te da por cantar o hablar sin parar.

**B** Te duele el estómago, ¡necesitas un baño con urgencia!

## 8 Un secreto inconfesable...

**A** Que copiaste en el examen de ciencias.

**B** Que se te escapó un «pedo con premio».

### Mayoría de A...

Eres un cagón de tamaño medio. Si tienes una urgencia sabes contenerte o... ¡buscar una solución urgente!

### Mayoría de B...

¿Sabes lo que es un cagonísimo? Pues mírate al espejo. Efectivamente, eres un cagón superlativo, tamaño XXXL. Yo que tú me llevaba la tarea al baño. ¡Allí pasas mucho tiempo!

# BROMA

# EL DINERO ES UNA...

- Caca falsa
- Crema de cacao (sin avellana
- Billete falso de 20 pesos
- Lugar de paso

**1** **Haz la caca falsa** según los pasos de la página 16.

**2** **Úntalo de crema de cacao.**

**3** **Pega el billete falso de 20 pesos.**

**4** Si puedes **mancharlo antes con un poco de crema de cacao**, mejor.

**Déjalo en un lugar con mucho tránsito,** como el pasillo de casa, de la escuela, la entrada del gimnasio... **y pónte cómodo, en un lugar alejado pero desde el que puedas ver bien.** ¡Seguro que no tienes que esperar mucho a que llegue **la primera víctima!**

## ¡CUIDADO CON TUS VÍCTIMAS!

**Asegúrate de que se tomarán la broma con mucho humor. De lo contrario, ¡su venganza puede ser una m....!**

# PIPÍ

**¡UFFF!** Siempre que hablo de pipí... ¡me entran ganas de ir al baño!

Qué gran tema de investigación es la pipí. ¡Nunca hay dos iguales! Por ejemplo, **la pipí** que haces cuando te despiertas es oscura porque concentra muchas sustancias, pero cuanta más agua bebas, más clara será.

# CON FUNDAMENTO

Investigadores de la **Universidad de Alberta (EE. UU.)** calculan que **la orina tiene más de 3 mil sustancias químicas diferentes.**

# UTILIDADES

Con tanta sustancia química, para los científicos **la orina es como oro**. Hace unos siglos se usaba para todo:

- Blanquear los dientes.
- Ablandar el cuero.
- Lavar ropa.
- Hacer pólvora.
- Limpiar ventanas.
- Lavar el pelo.
- Quitar la caspa.
- Repeler los mosquitos.

**En la Antigua Roma algunos espías usaban orina como tinta invisible para escribir secretos.**

29

# ¡NO ME HAGAS REÍR, QUE ME HAGO PIPÍ!

## ¿Que vas a qué?

Si buscas una forma divertida para decir que vas a hacer pipí, toma nota.

¡Para mear y no echar gota!
Voy a cambiar el agua al canario.
Voy a regar las plantas.
Voy a desbeber.
Voy a cambiar el agua a las aceitunas.

## BATERÍAS DE PIPÍ

**Cargar el móvil con pipí.**
El equipo del laboratorio de **Robótica de Bristol (Gran Bretaña)** ha desarrollado **celdas de combustible biológico para teléfono celular.** Descomponen la materia orgánica mediante bacterias para generar energía a partir de la reacción química.
**¿Imaginas dónde cargaremos el celular dentro de unos años?**

# PIPÍ EN LA COCINA

En **China, los huevos cocidos con orina de niño** son un manjar. Los ponen en remojo y luego los cuecen. **¿Te los comerías?**

# PINTURA DE PIPÍ

Pues sí, aunque los científicos no entendamos de arte, hay que reconocerlo: **pintar con pipí es un acierto.** Fíjate en *Andy Warhol,* que creó una obra con su orina y **se ha subastado por más de 1 millón de pesos.**

¡Ni se te ocurra hacer pipí en la calle! Además de ser una cochinada, ¡pueden multarte!

31

# TEST ¿ERES MEÓN?

Para saber cómo eres de meón, responde a este TEST:

**1** **¿Cuántos baños conoces?**

**A** Solo el de tu casa y el de tu abuela.

**B** Ehh... perdiste la cuenta.

**2** **Los intermedios en la tele...**

**A** Son un auténtico rollo (de papel, je je).

**B** El momento perfecto para ir al baño.

**3** **¿Harías pipí en cualquier parte?**

**A** Siempre que esa parte sea el baño de tu casa, sí.

**B** Ah, ¿no lo hace todo el mundo?

**4** **Tu orina es...**

**A** Pues como todas, ¡nunca la he visto bien!

**B** Espumosa, clarita... Parece jugo de manzana con burbujas.

## 5 Antes de meterte en la sala del cine...

**A** Compras palomitas y dulces.

**B** Vas al baño al menos 2 veces, por si acaso.

## 6 Algo que nunca harías...

**A** Un concurso de hacer pipí.

**B** Beber tres vasos de agua seguidos.

## 7 Lo que más te molesta de un largo examen...

**A** Es no ir preparado.

**B** ¡No poder salir al baño!

**¡TOMA NOTA!**
Mea feliz,
mea contento...
**pero mea dentro.**

## 8 Si hay cola para entrar en el baño...

**A** En el baño de tu casa nunca hay cola.

**B** Finges desmayarte y te cuelas.

### Mayoría de B...

En todos mis años de científico, nunca me había encontrado un meón como tú. Eres un caso a estudiar, date una vuelta a mi laboratorio, ¡aunque antes vayas al baño 20 veces!

### Mayoría de A...

Como diría un colega mío, eres meón de pijama. Solo haces pipí al levantarte y al acostarte. Bueno, mientras no te hagas pipí en la cama, ¡todo bien!

WC

PIS

# COSAS DE LA PIPÍ COLORES Y DIRECCIÓN

**El color** de la pipí varía entre el **amarillo** y el **ámbar claro.** El color es más o menos intenso según el tiempo que aguantes sin hacer pipí.

**Dime qué bebes...**
La zanahoria pinta la pipí de anaranjado. Si es **oscura y de color lechoso, contiene bacterias. ¡Cuidado!** Puede haber una infección.
**Las moras pintan la orina de color rosado.** Y así toda una gama de colores, según de lo que comamos.

# INVENTO PARA PERROS

## Tonguin

Así se llama cuando los perros lamen el orín de otros para conocerlos. Podrían ladrarse unos a otros, pero ellos prefieren hacerlo así. ¡No los imites! Si quieres saber algo de un amigo, pregunta.

Invento para que los perros hagan pipí en el inodoro.

La orina de una docena de ratones en un día entero **¡solo llena una cucharita!**

# PIPÍ A LA ESPERA

¡NADA!
No puedo, no tengo
¡INTIMIDAD!

**Si no puedes hacer pipí** con gente alrededor o en un lugar público, ¡tienes una vejiga tímida! Tu esfínter se tensa y se cierra como un tapón hermético. ¡No cae ni una gota!

**Si tu inodoro pierde agua,** puede malgastar hasta 17 mil litros en seis meses. Casi el 12% del agua que se gasta en casa se va por el inodoro.

De acuerdo, tampoco hay que tirar la orina por la ventana, como en la Edad Media, pero no te pases con el escusado. ¿De verdad tienes que tirar de la cadena CADA VEZ que haces pipí?

**¡Increíble!**
En el Pentágono gastan 666 rollos de papel higiénico al día.

# QUÉ SUERTE, ¡UN BAÑO!

BAÑOS
PÚBLICOS

Si piensas que más de dos mil millones de personas en el mundo no tienen acceso a un retrete, te darás cuenta de que ir por la calle y entrar en un baño público es un auténtico lujo. Pero..., **¿y si te digo que una persona pasa 3 años de su vida sentada en la taza del baño?** ¡Entonces te parecerá una asquerosidad pasar parte de ese tiempo en un baño público! ¿Ves? Todo depende del papel con que te limpies. Digo..., del cristal con que lo mires.

**En la Antigua Roma se utilizaba la orina para elaborar un enjuague bucal muy especial.**

# ¡VA DE PEDOS!

Hay pedos que parecen tóxicos, **son insoportables,** y otros **ni se notan. Todo depende de:**

- Lo que come cada uno.
- La flora que hay en el intestino.
- El tiempo que el pedo espere para salir.

No hay persona que no se tire pedos, como no hay rosas sin espinas ni niños sin caramelos.

Una persona sana produce hasta dos litros de gases al día y **expulsa un pedo cada hora. Eso quiere decir que,** si en la Tierra somos **7 mil 200 millones de habitantes,** entre todos **expulsamos unos 14 mil 400 millones de litros de gases a la atmósfera.** Más o menos 2 mil 500 enormes camiones al día.

**Conclusión:**

ESTE PLANETA ES MUY PEDORRO.

# LA FÁBRICA DE PEDOS

Si cuando se te escapa un pedo quieres echarle la culpa a alguien, **que sea a las bacterias.** Ellas son las **culpables, las verdaderas fábricas de gases.** Están en las legumbres, en los lácteos, las papas, el repollo, el trigo o el maíz. Cuanta más carne comas, peor olerán tus ventosidades.

# TÚ TAMBIÉN FABRICAS GASES

Si **comes muy deprisa** o **masticas** mucho **chicle,** tragas aire. También si **bebes refrescos con gas.**

# ¿A QUÉ HUELE UN PEDO?

Su característico olor se debe a **tres gases,** principalmente: **ácido sulfhídrico, metanotiol y sulfato de dimetilo.**

**Velocidad del pedo: 3 metros por segundo. Su temperatura: 36/37 grados centígrados al ser expulsado.**

# DÓNDE NO DEBES TIRARTE UN PEDO

## (científicamente demostrado)

## EN LA ALBERCA O EN EL MAR

Aquí ni se te ocurra, jamás. **Las burbujas te delatarían más que la luz de un faro.** Los pedos son invisibles en seco, pero bajo el agua… **¡son más peligrosos que un tiburón hambriento!**

¡Niños, aquí no se tira uno «punes»! ¿ENTENDIDO?

## EN EL ASCENSOR

¿Alguna vez dentro de un elevador has olido a perfume de señora? Pues es lo mismo con un pedo: **la persona se marcha, pero el olor sigue subiendo y bajando pisos durante un buen rato.**

# EN EL CINE

**Nunca, nunca, nunca, te tires un pedo en el cine.**
Por mucho que lo preveas, puede sonar en mitad
de una escena.
**¿Te imaginas al Hombre Araña colgado
en lo alto de un rascacielos, y que de pronto
se oiga un....?**
**¡Vas a querer que la Tierra te trague de
la vergüenza!**

# EN CLASE

Seguro que aquí jamás te tirarías un pedo, a
no ser que seas un extraterrestre al que no le
afecten las **burlas de los compañeros de clase.**
Porque si alguno se da cuenta, **¡se van a reír de
ti hasta que estén en la universidad!**

# EN EL AUTOBÚS

Ya no se pueden abrir las
ventanillas, así que no
intoxiques al conductor,
¡pueden sufrir un accidente!

# DÓNDE PUEDES VENTOSEARTE SIN PELIGRO

## EN EL CAMPO

Sobre todo si pasas cerca de un **establo con vacas, o cerca de un corral.** Si no, procura que el viento venga de frente, **¡y que tú seas el último de la fila!**

## EN EL CUARTO DE BAÑO

Ya sé que esto no es ningún misterio. Una de las cosas más divertidas de los pedos es… **¡que nadie se dé cuenta!** Y en el baño tienes el camino despejado, así que aprovecha. Aunque no te haga gracia, **tu estómago te lo agradecerá.**

## EN UN PARTIDO

Si es de tenis no corres ningún peligro: **media cancha es tuya y no habrá intruso que te saque los colores.** Si el partido es de futbol, voléibol, basquetbol… **¡Aprovecha cuando marques a un rival!**

# EN TU CAMA

Seguro que luego **levantas las sábanas para airear** tranquilo, (todos lo hacemos). Este es tu territorio, así que no hay problema; a no ser que compartas habitación, claro.

## TIPOS DE PEDOS

- Va pegadito a ti, vayas donde vayas.

- La corriente de aire que levanta solo la perciben tus cachetes.

- Agudo y largo como una nota musical.

- Grave y estruendoso como la sirena de un barco.

Dicen que los pedos son salud.
¡Pero no hagas que enfermen los demás!

43

# TEST NARIZ FINA

Para saber cómo es de fina tu nariz, responde a este TEST:

**1** **El olor del ácido sulfhídrico es como el olor a...**

☐ Huevos podridos.
☐ Agua estancada.

**2** **El olor del metanotiol es como:**

☐ Verduras en descomposición.
☐ Pastel enmohecido.

**3** **El olor del sulfato de dimetilo es como:**

☐ Olor dulzón.
☐ Flores podridas.

**Solución**
Ácido sulfhídrico (olor a huevos podridos).
Metanotiol (olor a verduras en descomposición)
y sulfato de dimetilo (olor dulzón).

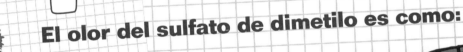

Podrido o descompuesto, abre bien la ventana, para tirarte **un gas, cuando te venga en gana.**

# PEDO LETAL

Inhalar una ventosidad puede ser repugnante, ¡pero no te mata! Y eso que un pedo incluye cierta concentración de ácido sulfhídrico.

# PEDOS PERFUMADOS

¿Imaginas que los gases que te tiras olieran a chocolate? ¡Pues es posible! Eso sí…, ¿volverías a comer chocolate?

# PEDOS MUSICALES

Dependiendo de la fuerza con que salga un pedo, y de lo relajado que esté el trasero, puede sonar:

★ AGUDO COMO UN VIOLÍN

★ GRAVE COMO EL DE UNA TUBA

★ COMO UNA HARLEY DAVIDSON

# PEDOS DE ALTOS VUELOS

Resulta que cuando volamos en un avión, **por la alteración de la presión, nos tiramos más pedos.** Pueden ser pedos viajeros o pedos de altos vuelos, depende de si vuelas de vacaciones o por trabajo.

## ¡JA, JA, JA!

Entre dos piedras feroces, sale un hombre dando voces. Lo oirás pero no lo verás.

¿Quién es?

# LOS PEDOS HUELEN ¡Y DUELEN!

Si los pedos siempre te han hecho gracia estás de suerte. ¡Eso es porque puedes dejarlos escapar!

La mayor parte de nuestros gases provienen del aire que tragamos cuando hablamos o comemos. ¡Y el que habla mientras come se traga el doble!

El aire que nos tragamos va al estómago, aunque parte puede volver a salir por la boca en un eructo. El resto baja hasta el intestino y allí se encuentra con otros como él, pero que huelen horrible. Son los gases que producen lo que comemos. **Esa bola de gases es el pedo, que espera en el recto a que le llegue la hora de la libertad.**

# PEDO DOLOROSO

El pedo doloroso, también llamado pedo indeciso, es el que se queda en el estómago, sin bajar al recto. Ocupa un lugar en el intestino y acaba produciendo dolor. ¡Tanto que te pones muy malito!

# POSTURAS GASEOSAS

Si tienes un pedo indeciso que no acaba de salir, no lo dudes, ¡échalo de tu cuerpo como sea! Dos consejos científicamente probados:

## Postura del gato gaseoso
Ponte a cuatro patas y sube el trasero en pompa, como si fueras un gato estirándose.

## Masajito
Pues sí, para tirarte un buen pedo indeciso da círculos con la mano calientita sobre tu barriga. También puedes apretar el estómago con la mano sentado en la taza del escusado.

¡SOCORRO! No puedo tirarme un pedo, ¡y me duele la barriga!

# BROMA BROMAS PEDORRAS

JA, JA, JA

Seguro que has emitido **muchos sonidos con la boca** para hacerle alguna broma a tus amigos o hermanos. **Pero si quieres ser un bromista profesional,** toma nota:

## 1

JA, JA, JA

**Cojín de pedos**
Lo encuentras en cualquier tienda de bromas, y es exactamente lo que dice ser. Es decir: **un cojín de pedos.** Podrás sacarle mucho partido. Ponlo en una silla, bajo la funda o una tela que lo disimule. Cuando la víctima vaya a sentarse, las ventosidades se oirán a varios metros de distancia.

Consejo de **científico loco: No estés presente** hasta que no hayan descubierto el verdadero origen de tamaña pedorrera.

JA, JA, JA

JA, JA, JA

JA, JA, JA

## 2

I ♥ ASQUEROLOGÍA

**Pestilencia enlatada**
No tienes más que meter agua y alubias en un bote. Ciérralo y deja pasar unos días. Cuando la mezcla ya esté lista, espera a que alguien dispuesto a cocinar vaya a abrirlo. **¡Seguro que les quita el apetito!**

JA, JA, JA

# 3 JA, JA, JA

**En clase de gimnasia,** en el entrenamiento de futbol o en cualquier otro deporte, **¡haz una broma de pedos!** Ten preparado un **globo con muy poquito aire,** que te quepa en la mano para que no se vea. **Cuando un compañero esté agachándose o en una postura apropiada para tirarse un pedo, acércate a él y deja salir el aire del globo como si fuera una ventosidad.**

## 4 Pedos acuáticos

Ya sabes que nunca debes tirarte un pedo en el agua, **¡justamente por eso esta broma es tan divertida!** Un globo con muy poco aire, una víctima cerca de ti y el globo sumergido: ¡no necesitas más! Cuando sea el momento adecuado, **deja escapar un poco de aire. ¡A partir de ahora las clases de natación serán más divertidas!**

Je, je, je... me estoy tirando un...

JA, JA, JA

JA, JA, JA

## ¡ATENCIÓN!

**Las bromas de pedos son para reírse todos, la víctima y el que la prepara. Asegúrate de que va a tomárselo con humor.**

JA, JA, JA

# ALIMENTOS PEDORROS

Si vas a participar en un concurso de flatulencias escandalosas, come todo lo que da gases. Pero si quieres evitarlos, no abuses de la lista de los **ALIMENTOS PEDORROS**.

Hay alimentos que no son bien digeridos por nuestro intestino delgado, por eso producen gases. Esta es la lista gaseosa:

Alubias
Garbanzos
Lentejas
Repollo
Coliflor
Coles
Chícharos
Cebollas
Brócoli

Ciruelas
Pasas
Alimentos grasientos
Fritos
Pastelería industrial
Lácteos
Chicles

# PEDO SILENCIOSO

Una leyenda urbana afirma que el pedo silencioso es el verdadero peligro, pues es mil veces más tóxico que el pedo parlanchín. Perro que ladra no muerde, y a pedo parlanchín, no te tapes la nariz.

**¡RAMSÉS!**
Hay pedos tan estupendos que son pedos faraónicos.

## Cómo hacer que la gente no oiga un pedo

+ Deja caer un libro o una cacerola en el momento de soltarlo.

+ Deja que salga sin fuerza.

+ Tose exageradamente.

+ Salta, baila, o sal corriendo, lo que mejor funcione en ese momento.

Está claro que los peces no se tiran pedos. Pero, ¿los patos? ¡Misterio de la naturaleza que algún día investigaré!

Podrás enseñarle a hacer pipí y caca, pero no a tirarse pedos. Eso lo hará cuando le venga en gana.

La raza de perro más pedorra es la de los bóxers.
**¡Verdadera prueba de amistad!**

51

# PEDOS INSENSATOS

Otros pedos insensatos son los llamados **pedorretas**, no saben cuándo parar. **Son como metralletas.**

**El que primero lo huele debajo lo tiene,** por lo tanto: **oír, ver y callar.**

**Los pedos insensatos** no respetan nada. Salen en cualquier situación y en cualquier lugar. ¡No tienen vergüenza! Protestan si alguien les interrumpe y son muy descarados... te mandan a la mierda en pocos segundos.
No piden permiso, solo actúan.

# PEDO PATENTADO

En Estados Unidos, **la patente de inventos número 5,593,398** corresponde a la creación de una prenda interior con un filtro para los malos olores de las flatulencias.

**Usar en caso de emergencia.**

# FLATULENCIA INCENDIARIA

Para algunos es **un deporte encender** sus flatulencias. Llegan a generar una llamarada de hasta un metro de longitud. **¡Y tiene su explicación científica!** Muchos de los gases que componen el pedo son altamente inflamables.

# CONCURSOS

**Hay pedorros** tan locos que hacen concursos de pedos. En Japón no gana el que se tire el mayor pedo, ¡sino el que lo aguanta en la cara sin hacer ni un gesto!

El pedo es a la nariz... ¡como la caca a la lombriz!

# ¿SABES TIRARTE PEDOS?

Para saber si sabes tirarte pedos, responde a este TEST:

## 1 Cada mañana, al abrir los ojos...

**A** Se te escapa un gas.
**B** Abres la boca.

## 2 Cuando haces pipí...

**A** Siempre va acompañada de un pedo.
**B** Te quedas relajado.

## 3 Para ti un pedo es...

**A** El olor de cada día.
**B** Si no hay más remedio...

## 4 Cuando quieres tirarte un gas

**A** Te da tiempo de ir al baño.
**B** ¡Ay, se te escapa!

Saber tirarse pedos **no se aprende en ningún sitio.** Así que si hay gente procura cerrar... el orificio.

## 5 Por la noche, si se te escapa un gas...

**A** Aireas las sábanas y te da risa.

**B** ¡Ojalá no lo haya oído tu hermano!

## 6 Hay días que no puedes parar...

**A** ¡Día pedorro, aléjense!

**B** Es el peor día de tu vida.

## 7 Recuerdas una vez que se te escapó un pedo...

**A** Te reíste y pediste perdón. ¡No pudiste evitarlo!

**B** Te pusiste rojo como tomate y saliste corriendo.

## 8 Cuando estás con tus amigos...

**A** Organizas concursos de pedos.

**B** Juegas a las canicas.

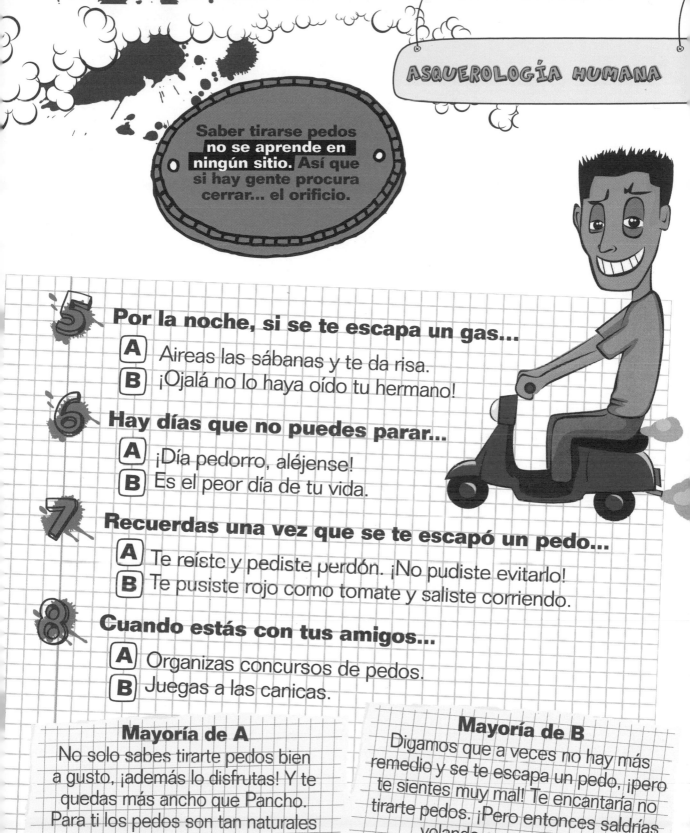

### Mayoría de A

No solo sabes tirarte pedos bien a gusto, ¡además lo disfrutas! Y te quedas más ancho que Pancho. Para ti los pedos son tan naturales como un grano en la nariz.

### Mayoría de B

Digamos que a veces no hay más remedio y se te escapa un pedo, ¡pero te sientes muy mal! Te encantaría no tirarte pedos. ¡Pero entonces saldrías volando como un globo!

# ERUCTOS DE INFARTO

¡Burp burp!

**Eructar** es natural, ¡y necesario! para liberar aire del estómago. Cada vez que comemos tragamos aire. ¡Es que el aire está en todas partes!

**El aire** que tragamos se acumula en la parte superior del estómago, que acaba estirándose. El conducto que va desde la boca hasta el estómago se relaja y el aire escapa hacia arriba, así que por la boca sale un... ¡ERUCTO!

I ♥ ASQUEROLOGÍA

# ¡SALUD!

Para algunas tribus esquimales eructar al final de una comida es una forma cortés de decir:

**¡BURP!**
**¡Salud, gente!**

**Gracias, la comida fue exquisita.**

# LOS ASTRONAUTAS NO ERUCTAN

Para **los astronautas en órbita** es casi imposible eructar. **La falta de gravedad** dificulta la separación entre líquidos y gases. Y si eructan, existe un alto riesgo de que salgan parte de los contenidos del estómago.

**Si te divierte eructar, chicle has de masticar, tomar bebida con gas. ¡y eructarás sin parar!**

# ERUCTOS A LO BESTIA

**Los eructos del ganado** liberan más metano a la atmósfera que los automóviles.

**Una vaca puede emitir hasta 500 litros de metano al día.** Si lo multiplicamos por los mil 500 millones de vacas que hay en el mundo, es... ¡muchísimo gas! El metano es un gas de efecto invernadero 25 veces más potente que el dióxido de carbono. ¡Así que los eructos de las vacas contaminan un montón!

$E=mc^2$

# ¿A QUÉ HUELE?

**El eructo** huele a lo que hayas comido, ¡pero no tan rico! Mala suerte, pues el eructo se mezcla con los flujos y gases del estómago. **¡Por eso huele mal!**

# QUÉ PASEO

Todo este recorrido hace el gas, ¡más de 8 metros! Como para no oler...

Esófago

Hígado

Estómago

Vesícula biliar

Intestino delgado

Intestino grueso

Apéndice

Recto

**El eructo suena al pasar por la epiglotis, una pequeña puertecilla en la entrada de la laringe.**

59

# TEST SABIDURÍA ERUCTADORA

Responde a este TEST y descubre cuánto sabes de los eructos:

## 1 El eructo es...

- **A** Un sabio que vivía en Eructia.
- **B** Un gas que sabe que alimenta.

## 2 El eructo huele...

- **A** No huele y es incoloro, como el agua.
- **B** A chocolate, a garbanzos..., ¡a lo que hayas comido!

## 3 El eructo suena...

- **A** Como el croar de una rana.
- **B** Como un trueno en la garganta.

## 4 Eructar es de mala educación

- **A** ¡Claro! Con alemanes y hasta esquimales.
- **B** No si eructas en una comida con esquimales.

ASQUEROLOGÍA HUMANA

> Un eructo bien lanzado, según la opinión de Angulo, **es un pedo, que cansado, no pudo llegar al trasero.**

## Se eructa sobre todo...

[A] Después de dormir la siesta.

[B] Después de comer.

## Si bebes refrescos carbonatados

[A] Haces pipí con carbonato.

[B] Te tiras eructos.

## Hay animales que no eructan

[A] Claro, las hormigas, ¡son muy pequeñas!

[B] ¡Hasta las hormigas eructan!

## Un eructo en el espacio

[A] Es un eructo espacial.

[B] Es imposible.

### Mayoría de A

Puede que seas el mayor eructador de la familia, pero no tienes mucha idea de qué es un eructo. ¿No sientes ni un poquito de curiosidad?

### Mayoría de B

Eres la enciclopedia eructil, sabes un montón sobre eructos. Eso sí, elige bien cuándo soltar tus conocimientos eructiles, ¡no es buen tema a la hora de comer!

# CURIOSIDADES ERUCTILES

¡BUEN PROVECHO, NERÓN!

**Nerón** era tan comodón que pedía a un esclavo q**ue le palmeara la espalda para tirarse eructos a gusto. ¡Lo que tenían que aguantar los esclavos!**

Después de beber más de 7 litros y medio de bebidas carbonatadas, un hombre consiguió **el mayor eructo de la historia:** 18,1 segundos. ¡No te recomiendo que lo hagas! Si quieres dar en el blanco con un buen récord, prueba con el de lanzar dardos a una nube de polvos de talco ¡y dar en el centro!

# GLOBOS DE ERUCTOS

Una tarde que te aburras como un científico dentro de un carrito de bebé, prueba **inflar globos con eructos.** Je, je, je, si piensas que es fácil, te equivocas, amigo. Solo tienes que probar la primera vez para darte cuenta. Con este experimento descubrirás cuánto aire había dentro de tu estómago antes de eructarlo.

NO SEAS BEBÉ Y COMPITE CON TUS AMIGOS EN EL ERUCTO MÁS SALVAJE.

Las hormigas son **tan educadas** que sus eructos ni se oyen ni se notan.

63

# OLORES INHUMANOS

¡ESTO es tóxico! Buena ocasión para analizar tan terrible olor.

¡Oye, estás de suerte! Si eres un niño o una niña, ¡tu sudor no huele! Pero no te alegres tanto, amigo. Cuando llegues a la pubertad, las glándulas apocrinas y las bacterias se encargarán de que tu sudor **deje huella.**

La nariz más grande del mundo mide casi **9 centímetros (8.8 cm de longitud oficialmente)**, desde el puente hasta la punta. Pertenece al turco *Mehmet Ozyurek*.
**¡Es récord Guiness!**
Y no es cuestión de narices, pero..., ¿sabías que las mujeres tienen mejor olfato que los hombres?

# ESENCIA DE CEBOLLA

En el olor de las mujeres hay bastante azufre.
Tomemos la siguiente suma:

**Azufre + bacterias = tiol**

Y la esencia del **tiol** es similar a la cebolla.
**¡Por eso el sudor de las mujeres huele a cebolla!**

# ESENCIA DE QUESO

En el olor de los hombres predominan los
**ácidos grasos.** Estos, mediante un proceso
químico, originan un aroma parecido al **queso.**

**¡Cualquiera se come ahora un taco
de queso con cebolla!**

# HUELLAS DACTILARES

Sin embargo, dejando de
lado **cebollas y quesos,
el olor corporal es tan
único como las huellas
dactilares.** Según lo que
cada uno coma y sus procesos
químicos, producimos nuestro
propio aroma.

**Todo el cuerpo suda:
sudan las palmas de las
manos, sudan las axilas
y ¡suda hasta la cara!**

# DOS INSEPARABLES: EL SUDOR Y LA PIEL

## AMIGOS PARA SIEMPRE

El sudor sale a través de los poros de la piel. En días de intenso calor, sin una pizca de viento, el sudor se queda adherido a la piel. Y tarde o temprano..., ¡empieza a oler!

¡Tómate un té de tila! Porque si estamos nerviosos... ¡sudan las manos!

Tenemos unas 50 mil glándulas sudoríparas repartidas por todo nuestro cuerpo.

### ¿Los hombres y las mujeres sudan lo mismo?

Pues sí, el sudor no entiende de chicos o chicas. ¡Tampoco la higiene! Cuando hagas deporte o pases calor, ¡acuérdate de meterte a la regadera!

# ¡PIES, PARA QUÉ LOS HUELO!

**No todo el cuerpo suda igual:** pies, ingle y axilas se llevan la medalla. **Los pies pueden llegar a sudar muchísimo,** sobre todo cuando son la parte del cuerpo que menos se ventila y la que está más abrigada. **¡Como para no sudar!**

**Si tu caso tiene narices y tus pies apestan, estás de suerte.** En **Japón** han creado un **robot** que avisa si te huelen los **pies:** es un perro que se desmaya si olfatea unos pies malolientes.

No podrás sacarlo a hacer pipí, pero saldrás a la calle oliendo a rosas.

Remedios caseros para que el pobre perro-robot no se desmaye en la alfombra.

✳ Lávate los pies a diario y sécalos muy bien.

✳ Pon los pies desnudos al sol siempre que puedas.

✳ Usa calzado y calcetines de tejidos naturales.

✳ Cambia de calzado todos los días.

La piel es el órgano más grande del cuerpo humano, tiene unos **2m² de extensión y pesa alrededor de 4 kilos.**

# EL SUDOR ES NUESTRO AMIGO

El sudor no debería tener tan mala fama, **nos ayuda a liberar toxinas** y a **refrescarnos cuando tenemos calor.** ¡Hay quien puede llegar a sudar 11 litros y medio en un día caluroso! Es tan importante que hay quien ha convertido el sudor en… **¡agua potable!**

Lo hace una máquina desarrollada por UNICEF y el ingeniero sueco *Andreas Hammar*. ¿Te parece asqueroso? **¡Pues quizá algún día haga falta!**

Lo que está claro es que si sudas, hay que **beber agua.**
La ecuación es esta:

**Agua que sale = agua que entra**

# LA PIEL

Pelo

Superficie
Epidermis

Glándula
sudorípara

Dermis

Nervios

¡Todo esto está en
la piel! La piel más
fina es la de los
párpados: ¡0.5 mm!,
y la más gruesa,
de 4 mm, ¡la de los
talones!

## El color del sudor

Si piensas que el color
es como el del agua,
inodora, insabora e
incolora, **¡te equivocas
en tres de tres!** Está
claro que no es inodoro,
insaboro tampoco, y
lo de incoloro está por
verse… Aunque nuestro
sudor no tiene color, **el
del hipopótamo sí lo
tiene.** Te daré
una pista: el nombre
de ese color utiliza
la única vocal que se
repite varias veces en
hipopótamo.

¡A la regadera,
YA!

El cuerpo humano
produce unos 18 kilos
de piel muerta a lo largo
de su vida, es decir, el
peso aproximado de un
niño de 6 años.

Solución:
El sudor del
hipopótamo es
de color rojo.

443

391

# TEST

# ¿ERES COCHINÓN?

Tú sabrás cuánto sudas, pero..., ¿sabes si eres un cochinón?
¡Haz este TEST!

**1** **Te bañas...**

   **A** El día de tu cumpleaños, si no llueve.

   **B** Cada día, ¡y en tu cumpleaños dos veces!

**2** **¿Te gustan los perfumes?**

   **A** Solo los que no huelen.

   **B** ¡Los coleccionas!

**3** **¿Cuántas camisetas tienes?**

   **A** Diez, pero siempre llevas la misma, ¡tu favorita!

   **B** Una para cada día de la semana. ¡Y dos de repuesto!

**4** **En la mochila de deporte...**

   **A** Llevas algo para comer
y nada más.

   **B** Metes ropa para ponerte
después de bañarte.

# ASQUEROLOGÍA HUMANA

Mea feliz,
mea contento.
**pero mea dentro.**

## 5 Una frase que repite tu hermana...

**A** ¡A ver si te lavas!

**B** ¿¿¿Otra vez en la regadera???

## 6 Cuando vas al baño estás...

**A** El tiempo justo, ¡de entrada por salida!

**B** Pasarías horas ahí dentro.

## 7 Tu armario huele...

**A** A veces un poco raro, ¡sobre todo en verano!

**B** A ropa limpia y a perfume.

## 8 ¿Dónde guardas los tenis?

**A** ¡Se te olvidan debajo de la cama!

**B** Las sacas a la ventana, ¡menos cuando llueve!

### Mayoría de A

¿Has revisado tu olfato? Toda tu familia te lo dice: ¡no seas cochino! Lávate, que ni encoge ni te despinta. Lo agradecerá tu piel, tu familia, ¡y el planeta!

### Mayoría de B

Puede que exageres con la higiene. No hace falta bañarse tantas veces al día, ¡y no malgastes el agua! Está muy bien que seas aseado, ¡pero no seques el planeta!

# COMER CARNE PODRIDA

Si alguna vez se te ha pasado por la cabeza la idea de **comer carne podrida,** seguro que se te quita al leer el resultado de mis investigaciones.

## Filete podrido con papas también podridas

Si te parece un plato rarito, estás en lo cierto. ¡No conozco a nadie que coma papas podridas! Están aguadas, no hay quien las cocine ¡ni aderezadas!, saben a moho y a tierra mojada y dejan un regusto amargo en la boca que dura una semana. Si quieres comer carne podrida, mejor acompáñala con un vaso de agua estancada. ¡Ja, ja, ja!

72

# ¿SABE IGUAL?

Los que la han probado dicen que **sabe a nueces.** En Salzsburgo, Austria, hay restaurantes con **menús de carne podrida.** ¿Te gustaría hacer un viajecito hasta allí para comprobarlo?

# VIVITOS Y COLEANDO

Hay quien se aburre con los sabores de la carne cocinada y busca nuevas experiencias. Si te da asquito, está claro que no es tu caso, pero si te cuesta comer un filete, **¡a lo mejor es que te gusta más podrido!**
Los que comen carne podrida aseguran que es una **delicattessen,** y que jamás volverán a comer carne normal. Yo prefiero alimentarme de lechuga antes que comerme unos bichos saliendo de una hamburguesa. ¿Y tú?

**Salsa de tripas**
El garo es una salsa hecha de vísceras fermentadas de pescado. ¡Un lujo en la Antigua Roma!

73

# COMER INSECTOS

Espaguetis con salsa de abejas, pastel relleno de arañas, magdalenas de chocolate con gusanos... ¡Me está dando hambre!

Bueno, quizá tú no seas una de las **2 mil millones de personas** que comen insectos en su alimentación habitual. ¡Tú te lo pierdes!
Yo los he probado y están buenísimos, sobre todo me gustan las hormigas. ¡Pican!

# ORUGAS Y ESCARABAJOS

Los insectos que más se comen son **las orugas y los escarabajos.** Si no te gustan, prueba las cucarachas comestibles, las avispas, las termitas, las tarántulas o los escorpiones.

# ¡AL RICO INSECTO FRITO!

En la Tierra conocemos un millón de especies de insectos. ¡La mitad de los organismos vivos clasificados! De ese millón, se comen **mil 900 especies en alguna parte del planeta.**

En el Congo comen **300 gramos de orugas** a la semana por familia. **¡Son 96 toneladas de orugas al año!**

# ¿VACAS O GRILLOS?

**Quizá los insectos sean el alimento del futuro.** De un grillo se come el 80% ¡y de la vaca solo el 40%! Además, es **súper nutritivo.** Algunos insectos **tienen más del triple de hierro que la ternera.**

La cochinilla es un insecto que da color rojo a las barras de labios, dulces, refrescos y embutidos.

# TEST

# ¿CUÁL ES DE VERDAD?

Hay **comidas tan asquerosas** que no parecen de verdad, y otras tan atractivas que... ¡parecen un sueño! A ver si aciertas con este test las comidas que son **REALES.**

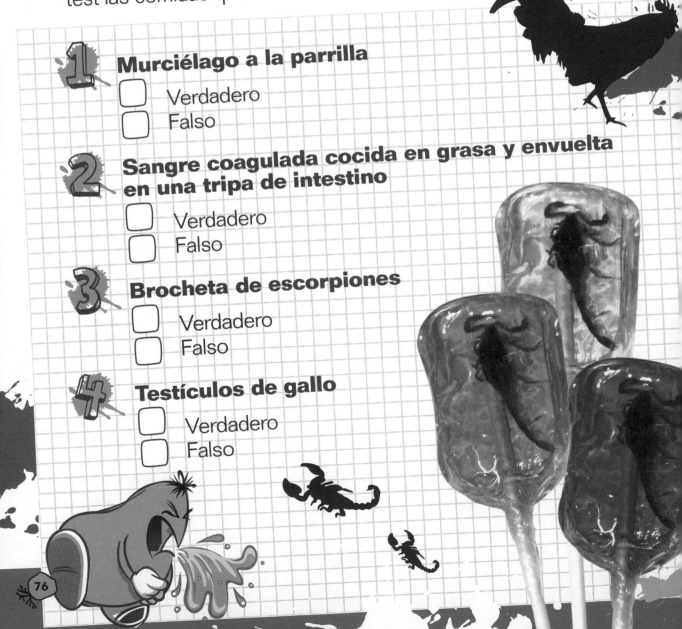

**1** **Murciélago a la parrilla**

☐ Verdadero
☐ Falso

**2** **Sangre coagulada cocida en grasa y envuelta en una tripa de intestino**

☐ Verdadero
☐ Falso

**3** **Brocheta de escorpiones**

☐ Verdadero
☐ Falso

**4** **Testículos de gallo**

☐ Verdadero
☐ Falso

Detectamos **cinco sabores:** dulce, salado, amargo, ácido y umami (el quinto sabor, parecido al *Avecrem*).

## 5 Serpiente cascabel frita

☐ Verdadero
☐ Falso

## 6 Sopa de cucarachas

☐ Verdadero
☐ Falso

## 7 Rata frita con papas

☐ Verdadero
☐ Falso

## 8 Gelatina de patas de vaca

☐ Verdadero
☐ Falso

**Solución**
Todos, absolutamente todos, son platos reales. Si has puesto Verdadero en todo el test, ¡acertaste 100%!

# ¿POR QUÉ HUELE MAL EL QUESO?

Para los antiguos griegos el queso era un regalo de los dioses. ¡No me extraña!

Hay **quesos** que huelen a pies, otros huelen a pedo, otros a podrido y hay alguno que huele a agua estancada. **¡Pero qué ricos están todos!**

# RATONCITOS DE QUESO

Si tanto olor a queso te da hambre, prepara esta receta en un tris.

Pide a un adulto que cueza varios huevos. Cuando estén fríos pélalos, pártelos por la mitad, quita la yema y pon en su lugar queso untable.

Decora los ratones con trocitos de aceituna verde y negra.

Con una tira de lechuga haz la cola. ¡Y ya está!

Pon los ratoncitos sobre unos tomates cortados y unas hojas de lechuga. ¡Verás qué rico!

# PERFUME DE QUESO

A una persona le gusta tanto el queso que inventó un... ¡perfume con olor a queso! Se llama **Eau de Stilton** y recrea el olor del queso azul. **¡Cuidado, pueden confundir tu oreja con una rebanada de pan untada y darte un mordisco!**

# DIME A QUÉ HUELES...

El queso huele porque la leche se **fermenta, como si se dejara pudrir a propósito.** Las levaduras y las bacterias descomponen las grasas y las proteínas en moléculas **con mucho olor.**

Los **microorganismos** que crecen en el interior del queso y en la corteza provocan la pestilencia y el sabor de algunos.

**Si tus pies apestan a queso, ¡cuidado!** Más vale que los laves y seques para mantenerlos bien limpios. **El mosquito de la malaria es atraído por este aroma quesil.**

**Se han encontrado restos de queso en tumbas egipcias con más de 4 mil años de antigüedad. ¿Te lo comerías?**

79

# LAS BACTERIAS DEL QUESO

El queso es un derivado de cualquier tipo de **leche animal: cabras, vacas, búfalas, ovejas, camellas, yeguas y alces.** ¡Hasta hay queso de leche materna!

**Mito urbano, o sea… ¡es mentira!**
Pues te vas a sorprender, pero… **¡a los ratones no les gusta el queso! Solo se lo comen si tienen mucha, mucha hambre.** Los ratones tienen un paladar más goloso, prefieren frutos secos, muesli o crema de cacahuate. ¡Les encanta!

# ESCULTURAS DE... ¡QUESO!

Sí, sí, sí. Hay una americana, Sarah Kaufman, que creció entre vacas y queserías. Ahora es la «**Cheese Lady**» y es toda una artista. **¡Hace esculturas de queso amarillo!**

### Los más queseros
En Grecia comen **37 kilos y medio** de queso al año. Y en Estados Unidos producen el **30%** de los quesos del mundo.

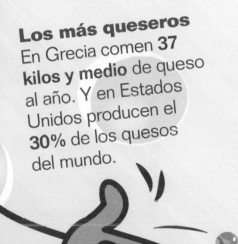

### Jugar a las canicas
Sí, sí, amigo. **El queso gruyere te permite jugar a las canicas.** ¡Tendrás que colocar cada una de ellas en su agujero!

### Miles de quesos
Hay cerca de **3 mil variedades de queso** en todo el mundo. ¿Y sabes cuál es el que más gusta? **¡El mozzarella!**

### And the winner is...
En los **World Cheese Awards** se eligen a los mejores quesos del mundo. **De los 62 mejores quesos, ¡hay diez quesos españoles!** Eso sí, en vez de alfombra roja, como en los Óscar, ¡se tapan la nariz con pinzas! Ja ja ja.

## ¡ANÍMATE!

El queso cheddar es naranja porque usa una planta tropical como colorante: **el achicote.** ¡Empezó a hacerse así para que no se confundiera con otros quesos!

# QUESO CON GUSANOS

JA, JA, JA

¡Hay quesos que parece que están **vivos**! Si no echan a andar será porque son unos vagos, porque dentro tienen **¡cientos de gusanos vivos!**

## 1

JA, JA, JA

Hay un queso que se hace en **Cerdeña** (Italia) que **está podrido, lleno de gusanos y... es una delicia para los megaqueseros.** Se llama **Casu Marzu**. ¡Cuidado!, si te lo vas a comer, ponte gafas. Los gusanos pueden saltar hasta 15 centímetros y depositar sus larvas debajo de los párpados.

Cuando abras el queso para comértelo verás cientos y cientos de gusanos moviéndose dentro del queso. ¡ÑAM, ÑAM!

JA, JA, JA

Los gusanos crecen, se alimentan y hacen caca dentro del queso. **¡Eso le da ese sabor tan especial!**

## 2

Si además de científico eres un valiente de esos que quieren probar de todo, **asegúrate de que masticas bien todos los gusanos que te comas con este queso.** Si alguno llega vivito y coleando a tu estómago podría quedarse allí. Además del queso, ¡les gusta la carne!

JA, JA, JA

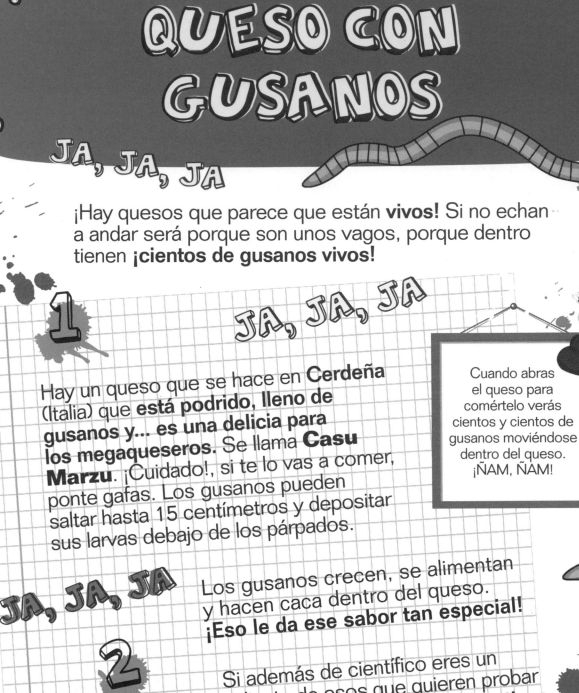

**3**

## JA, JA, JA

No creas que el **moho** siempre es asqueroso. ¡Hay veces que tiene su gracia! En algunos quesos, por ejemplo. El moho es al cabrales y al roquefort lo que el calcetín al sudor en un día de calor... ¡inevitable! Además, **cuanto más moho, más rico está.** Algo así como cuanto más calor, más olor...

JA, JA, JA

**4**

Humm, ¡qué rico!

**LOS MÁS RARITOS...**
**Queso Stilton** hecho con ¡**oro** comestible!

**Queso Epoisses.** Es el más **oloroso** del mundo, tanto que en Francia ¡prohibieron comerlo en los transportes públicos!

## BROMA

**Coge varias lonchas de queso y varios gusanos pequeños de plástico. Haz bolitas de queso con un gusano dentro. ¡Y ponlo para botanear!**

83

# REMEDIOS Y MENJURJES ASQUEROSOS

Por muy cochinos que te parezcan estos **menjurjes,** ¡pueden ayudarte en alguna ocasión! No seas tan asquerosito y echa un vistazo. **¡A ver si adivinas para qué sirven!**

**Lavar la cabeza con vinagre caliente y envolver el pelo en una toalla durante un par de horas. Sirve para...**

**A** Eliminar piojos.

**B** Eliminar la caspa.

**C** Eliminar hongos del pelo.

# RICO Y CON FUNDAMENTO

El yogur con azúcar, además de ser un postre súper rico, sirve para...

A Eliminar el mal aliento.

B Eliminar cicatrices.

C Eliminar la piel seca.

Si mezclas ceniza con agua, lo dejas reposar un ratito y lo bebes después de agitarlo, consigues...

A Cortar la diarrea.

B Cortar el estreñimiento.

C Cortar el dolor de estómago.

Una cebolla troceada en la mesita de noche...

A Ahuyenta el insomnio.

B Ahuyenta la tos.

C Ahuyenta a los mosquitos.

Solución
A,C,A,B.

# ASQUEROSIDADES COTIDIANAS

Para que te des cuenta de que estamos **RODEADOS de asquerosidades…**

Si nadas durante una hora en una alberca municipal habrás estado en contacto con… **¡5.5 litros de pipí!**

En un año, mientras duermes, te habrás tragado al menos **14 insectos.**

Cada día respiras **1 litro de pedos** de otra gente.

¿Y qué me dices del **dinero?** Imagina la cantidad de manos por las que pasa: **los que venden comida, otros con enfermedades en la piel, las manos de un médico o veterinario, de un destapador de tuberías…** Todo eso te lo puedes llevar a la boca después de tocar el dinero con tus manos.

El **inodoro de una oficina** puede llegar a tener **49 gérmenes** por cada 2.5 centímetros cuadrados, **¡pero el teclado de la computadora puede llegar a 3,925!**

¿Sabes cuántas bacterias hay en un **teléfono celular?** No tiene 49, como el inodoro, ni 3,925, como el teclado… Tiene 25,127 gérmenes por cada 2.5 centímetros cuadrados. Es decir, **10 veces más que el teclado de una computadora.**

En nuestra boca hay **700 especies de bacterias** diferentes, lo que, multiplicado por el montón de bacterias de cada especie, hace que nuestra boca sea una selva superpoblada.

# NUESTRAS ASQUEROSIDADES

Por si no lo sabías..., fíjate en la cantidad de asquerosidades que nos pasan…

Produces casi **un litro de saliva al día**. O sea, a lo largo de tu vida podrías llenar **2 albercas de natación.**

Si echáramos **ácido del estómago** en un vaso y sumergiéramos una navaja de afeitar… **¡la disolvería!**

Hay pies que pueden producir **más de medio litro de sudor** al día.

Cada día nos tragamos casi **un litro de moco.** ¡Aunque no te los comas! Resulta que los mocos bajan desde la nariz hacia la garganta.

La saliva de un estornudo viaja a **70 km/h** y puede alcanzar **hasta 20 metros de distancia.**

La mayoría de las personas tenemos **5 millones de cabellos en todo el cuerpo.** ¡Tres veces más que un gorila! Menos mal que los nuestros son muchííisimo más finos.

La **pipí** recién hecha es **más limpia que la saliva**, que la piel de la cara e incluso que el agua de la cisterna. Si está sana, la orina es estéril hasta que sale del cuerpo. ¡Pero ni se te ocurra beberla!

I ♥ ASQUEROLOGÍA

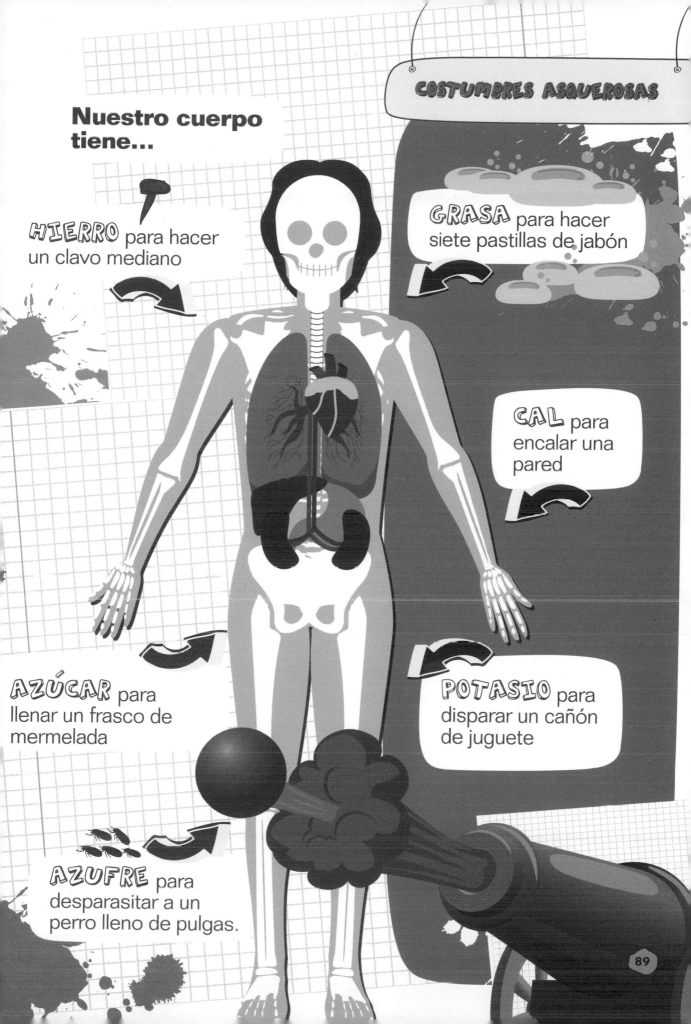

**Nuestro cuerpo tiene...**

COSTUMBRES ASQUEROSAS

HIERRO para hacer un clavo mediano

GRASA para hacer siete pastillas de jabón

CAL para encalar una pared

AZÚCAR para llenar un frasco de mermelada

POTASIO para disparar un cañón de juguete

AZUFRE para desparasitar a un perro lleno de pulgas.

# TEST

# ↑ EL ↓ ASCÓMETRO

Si quieres saber **qué da más asco a tu familia y a tus amigos,** hazles este **ascómetro.** Tienen que ordenar de más a menos lo que les da asco. ¡Si algo les da mucho más asco aún dejamos unos espacios para que escriban!

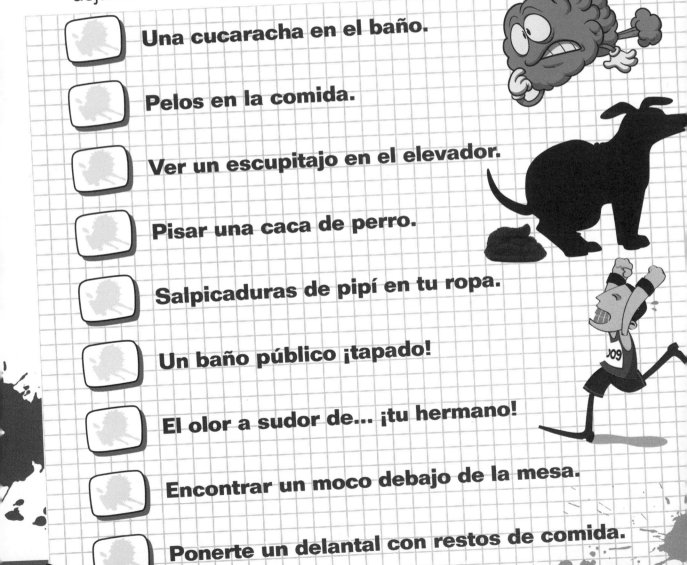

- Una cucaracha en el baño.
- Pelos en la comida.
- Ver un escupitajo en el elevador.
- Pisar una caca de perro.
- Salpicaduras de pipí en tu ropa.
- Un baño público ¡tapado!
- El olor a sudor de... ¡tu hermano!
- Encontrar un moco debajo de la mesa.
- Ponerte un delantal con restos de comida.

- [ ] Que te devuelvan la pluma mordisqueada y chupada.

- [ ] Un pañal con caca.

- [ ] Olor de pies en la consulta del médico.

- [ ] El olor a caca cuando sale un adulto del baño.

- [ ] Encontrar un vómito en la calle.

- [ ] Una herida sangrando.

- [ ] _____

- [ ] _____

- [ ] _____

# BROMA

# EL BRAZO VENDADO

Finge una **herida** de mentira y gasta una broma.

JA, JA, JA

**1**

En esta broma se trata de **hacerse el herido, ¡pero no te pases!** Que tu víctima bromil no vaya a pensar que hay que llevarte al hospital urgentemente.

**Consejo**
Busca un **cómplice** que haga fotos de cómo preparas la broma. ¡Y también de la cara que pondrá tu víctima cuando descubra el final de la broma!

JA, JA, JA

I ♥ ASQUEROLOGÍA

**2**

No te hagas el herido en un lugar súper cómodo, sin peligro alguno. ¡No puedes hacerte daño tirado en el sofá! **Aplica tu inteligencia de científico para que se crean tu broma desde el primer minuto.**

JA, JA, JA

# JA, JA, JA

**3**

Una buena broma es que **regreses de la escuela o de casa de un amigo con un brazo vendado.** Antes de aparecer en escena, prepárate.

JA, JA, JA

**4**

¡Esta es una broma no apta para gente seria!

## PASOS:

**1.** Moldea plastillina roja, mezclada con pelos, pelusas..., **todas las asquerosidades que encuentres.**

**2.** Extiende la masa en tu antebrazo y parecerá una **herida purulenta.**

**3. Venda tu brazo** (quizá te haga falta un cómplice).

**4. Pinta la venda con merthiolate, rotulador rojo o lo que se te ocurra** (que parezca sangre). ¡Tampoco te pases!

JA, JA, JA

## PUESTA EN ESCENA

**Entra en casa fingiendo que lloras y pidiendo a tu víctima que te quite el vendaje. Cuando lo haga... ¡descubrirá una asquerosidad!**

# CURAS ASQUEROSAS DE HACE SIGLOS

¿Imaginas cómo se curaban algunas enfermedades hace siglos? Echa un vistazo a estas **curas asquerosas** y dime: ¿te alegras de vivir en el siglo XXI?

## Escupir en los ojos

Si se escupía **la primera saliva de la mañana en los ojos inflamados de un paciente, se curaban.** Valía la saliva de cualquiera.

## Gárgaras con pipí

En el siglo XVIII se hacían **gárgaras con pipí para curar infecciones de encías.** Debía ser la primera orina de la mañana, ¡del propio paciente, claro!

I ♥ ASQUEROLOGÍA

# CAQUITAS CURA TODO

## Beber caca de oveja

**Mezclada con vino blanco curaba la piel y los ojos amarillos (ictericia).** ¡Dejabas de estar amarillo para ponerte verde... del asco que daba aquello!

# ANIMALITOS MILAGROSOS

## Tragar una rana ¡viva!

**Eso curaba el asma.** Desde el punto de vista científico no veo explicación. ¿No sería que del asco que les daba notar a la rana peleando en la garganta se les curaban todos los males?

## Té de cola de perro

Si te mordía un perro, para que no te infectara la rabia debías cortar la cola al perro y prepararla en infusión, ¡para bebértela!

95

# ASQUEROSIDADES EN MINIATURA

Si crees que ya lo has visto todo sobre **asquerosidades,** je, je, te equivocas completamente.

Las asquerosidades más asquerosas no siempre **saltan a la vista** (ni aunque sean los gusanos del queso, JUASS). Si eres un científico en serio, **agárrate al microscopio,** que vienen **bichos** muuuy pero que muuuy asquerositos. ¡QUEDAS AVISADO!

Cuidado, científico de pacotilla, ¡he dicho **MICROSCOPIO!** No vale una lupa ni las gafas de aumento de tu abuela.

## ADVERTENCIA

Piénsalo bien antes de continuar leyendo. **Hasta ahora has vivido feliz pensando que lo asqueroso estaba lejos de ti, o que podías evitarlo. ¡JA!**

Lo realmente asqueroso y tremebundo está en **tu almohada, en tu cepillo de dientes, en la comisura de tus labios, en el resto de tu piel...** Si sigues leyendo, tu vida ya no será la misma, amigo.

**El microscopio se inventó en 1595 y tenía ¡9 aumentos!** Hoy, el microscopio electrónico puede aumentar hasta... **¡¡un millón de veces!!**

# BACTERIAS

## OMBLIGO

Después de limpiar 60 ombligos, **los científicos encontraron 2,268 bacterias.** ¡De ellas, 1,458 podrían ser nuevas para la ciencia! Sí, sí, mira tu ombligo ahora...

En la boca hay 20 mil millones de bacterias. ¡Y hay más! **Se reproducen todo el tiempo, crecen y crecen y vuelven a crecer.** ¡Hay entre 500 y 650 tipos diferentes de bacterias!

En nuestro cuerpo hay unas **100.000.000.000.000 bacterias.** ¡Al menos 10 veces más que células! Uf, menos mal que son «amigas» de nuestras células. Sus genes crean compuestos buenos para nuestra salud.

Todas las bacterias que hay en el cuerpo pesan cerca de 1.5 kg.

Solo el 10% de las células de nuestro cuerpo son humanas. El resto son microbios tipo virus o bacterias que viven en el organismo.

# BACTERIAS CON SÚPER PODERES

Hay bacterias que sobreviven en los sistemas de refrigeración de las centrales nucleares.

Deinococcus radiodurans es una bacteria que sobrevive a la radiación.

Algunas bacterias pueden vivir miles de años.

Muchas bacterias pueden eliminar residuos tóxicos.

Algunas bacterias se alimentan y crecen en derivados del petróleo.

## ¡ANÍMATE!

Por muy asquerosito que seas, te comes millones de bichitos en cada bocado. Así que ¡mejor ni lo pienses!

# LOS ÁCAROS

¡Menos mal que no los ves! Hay unas **50 mil especies conocidas de ácaros** y pueden existir otras 500 mil especies sin catalogar. Viven en **cualquier parte** (hasta profundidades inimaginables), en los polos, las altas montañas, los desiertos, y en aguas termales con más de 50 °C.

Si tuvieran nuestro tamaño, parecerían una invasión de extraterrestres. ¡Y eso que **son los animales terrestres más antiguos del planeta!**

Miles de ácaros viven en tus **pestañas**. En realidad viven en varias partes de tu cara, pero **AMAN** las pestañas porque **se alimentan de los aceites y las células muertas de la piel que se acumulan ahí.** Se llama Demodex folliculorum, tiene ocho patas rechonchas y un rabo. Mide casi un tercio de milímetro. ¿Te da asquito?

# PUTREFACTO

No mudamos la piel como las serpientes, pero quizá sea más asqueroso lo nuestro. Resulta que **perdemos 8 kilos de piel muerta cada año.** ¿Qué pasa con ella? Que **se la comen los ácaros que viven en nuestro cuerpo y en nuestra casa.** Te lo dije: **es asqueroso.**

# TU COLCHÓN ESTÁ VIVO

Después de leer esto seguramente te cueste acostarte en el colchón. Resulta que **los ácaros son el 15% del peso de los colchones.** Si tuvieran el poder de la superfuerza se llevarían tu colchón a otra parte para dormir mejor. ¡Sin duda!

La almohada está llena de escamas de piel humana, ácaros vivos, ácaros muertos y caca de ácaros.

# ¡PIOJOS, QUÉ ASCO!

Son una pesadilla para los científicos, **¡no acabamos con ellos ni a cañonazos!**

## ¡VAYA BICHO!

Tamaño: de 0.5 mm a 8 mm.

Patas y garras fuertes para agarrarse al pelo, piel y plumas.

Carecen de alas. ¡No van volando de cabeza en cabeza!

Su color varía de beige pálido a gris oscuro.

El piojo es feo feo feo.

Y cuando aplastas la liendre suena CRASH.

Eso es porque has roto su cáscara.

# HUÉSPEDES GORROSOS

Estos insectos son **parásitos, o sea, ¡se alimentan de ti!** Su saliva, que contiene un anticoagulante, es la que provoca los picores.

# ¡NO TENGO HAMBRE!

¿Te apetece probar un poco de su menú diario? **Los piojos comen piel, plumas y sangre.** Les gusta tanto lo que comen que... **¡no pueden pasar dos días sin comer!**

# EL PIOJO FORZUDO

¿Podrías levantar durante un minuto un peso **2 mil** veces mayor que el tuyo? **¡Pues el piojo sí!**

En 1,500 a.C se recomendaba cubrir la cabeza con carne masticada para ahuyentar a los piojos. ¡Qué asco!

# PULGAS

Cabeza
Abdomen
Ojo
Boca

Patas
Garras

**Las pulgas son** pequeños **insectos vampiriles** que se alimentan de **sangre** humana y de otros animales de sangre caliente.

## ¡VAYA BICHO!

Tamaño de 1.5 mm a 3.3 mm.

No tienen alas.

Son de color oscuro.

Tienen el cuerpo comprimido lateralmente para moverse entre los pelos o las plumas del huésped.

Tienen las patas traseras largas para saltar.

# ¡SON UNAS CANIJAS!

Las **pulgas del Jurásico** eran mucho más grandes que las de hoy. Las más antiguas son de hace más de 125 millones de años, entonces medían casi **dos centímetros y medio.** En el lomo de una pulga antigua cabrían 8 pulgas modernas.

# CONCURSO DE SALTOS

¿Imaginas que pudieras saltar **180 metros de altura** sin esfuerzo? Eso es lo que hacen las pulgas. **¡Ellas saltan verticalmente 100 veces su longitud!**

**La pulga de rata oriental salta 600 veces por hora durante 72 horas. ¡43,200 saltos sin parar!**

105

# GARRAPATAS

**Las garrapatas** acechan en la **hierba alta.** Allí esperan, sin prisa, para engancharse a cualquiera que pase cerca: perro, oveja, caballo, burro... ¡o tú!

## ¡VAYA BICHO!

Miden entre 0.35 y 1.5 centímetros.
No tienen alas.
Una hembra adulta coloca entre 2 mil y 4 mil huevos. ¡Los conté uno a uno!
Son muy **activos y abundantes en primavera y verano,** pero saben sobrevivir a las bajas temperaturas del invierno.

La garrapata joven, la **«garrapatilla»,** tiene **6 patas** y cuando es adulta tiene **8.** ¡Ideal para jugar al fútbol!

# VIGILA TUS MASCOTAS

La garrapata **no vuela ni salta ni hace acrobacias.** Es tan floja que puede esperar semanas, o incluso meses, hasta que se le acerque la víctima adecuada.

# LA GARRAPATA...
# ¡SE AGARRA!

**¡AGGG,**

Tengo un bicho que agarra oreja, agarra hocico, «agarrapata», ¡y estoy malito!

La garrapata es tan asquerosa que no la puedes quitar así como así. Si ves una, **¡ponte guantes!** Y no la aplastes, o sus huevos entrarán en la sangre. Asegúrate de que la cabeza no queda dentro de la piel. **PUAJ.**

**La hembra de la garrapata puede aumentar 100 veces de peso después de aparearse.**

107

# TEST

## ... PARA RASCARSE

¿Quieres saber cuánto sabes de piojos, pulgas y garrapatas? ¡Haz este TEST! Y si te pica... ¡te rascas!

**1** **El piojo tiene súper poderes...**

[A] Porque vuela, nada y bucea.

[B] Porque se agarra como un pegamento al pelo.

**2** **La pulga cambia con el paso del tiempo**

[A] En la antigüedad eran más pequeñas.

[B] En la antigüedad eran más grandes.

**3** **La garrapata es muy floja**

[A] Y aburrida, ¡no salta ni nada!

[B] Espera durante meses a que se acerque la comida.

**4** **El piojo come muy poco, es muy exquisito...**

[A] Solo come verduras frescas de temporada.

[B] Solo come sangre fresca de temporada.

**5** **¿Quién aumenta 100 veces de tamaño?**

A La garrapata macho después de aparearse.

B La garrapata hembra después de aparearse.

**6** **En 1,500 a.C ahuyentaban a los piojos...**

A Poniendo lechuga podrida en la cabeza.

B Poniendo carne masticada en la cabeza.

**7** **El piojo es súper fuerte...**

A Puede levantar la coleta de una niña.

B Puede levantar 2 mil veces su peso.

**8** **Salta 600 veces en una hora sin parar...**

A La rata oriental.

B La pulga de rata oriental.

### Mayoría de A

Puede que lo tuyo sea el espacio, es difícil que choques con un planeta sin darte cuenta. ¡Porque los asquerosos piojos, pulgas y garrapatas pasan delante de tus narices y ni te enteras!

### Mayoría de B

Sabes tanto de estos bichos que te pasas el día rascándote, pensando que están en todas partes. ¡Tranquilo! Ahora los conoces tan bien que puedes aniquilarlos en un tris.

# BABOSA ASQUEROSA

**Las babosas** son asquerosas. Y no lo digo solo porque rima. Lo digo porque hasta a mí, que soy un científico que usa pasta dental, me dan asquito.

**Autopistas**
Usan el rastro de otras babosas o caracoles, **son sus autopistas para ahorrar energía.**

## ¡VAYA BICHO!

Miden entre 1 cm y 15 cm, según la especie.
Tienen cuatro antenas, placas para reptar y generan muuucho moco.
Con 2 antenas en la cabeza ven, tocan y huelen.
¡Yo me haría un lío...!
¡Tienen dientes! Pequeños, sí, pero los tienen.
El pie es la parte del vientre, ¡es todo músculo!
Se desplazan sobre su moco. ¡Eso sí que es un invento!

# SON UNAS DORMILONAS

Las babosas **se mueven por la noche, o si el día está lluvioso.** Durante el día se esconden bajo las piedras o en rincones donde no les dé luz. ¿Será para que no las despierte?

**Leeeentas**
Las babosas **son unas lentas,** olvídate de ponerlas a competir. **Solo si tienen ganas pueden recorrer entre 4 m y 7 m al día.** ¡Qué flojas!

Aunque no te lo creas, la baba de caracol y de babosa se usa para, cuidados dermatológicos.

## BROMA CON MOCO

Mientras duerme tu **víctima, echa gelatina verde en su almohada, aunque también puedes echar el líquido de un polo verde.** Cuando lo despiertes, enséñale un caracol. Dile que lo has cogido de su almohada, **¡que durmió sobre él toda la noche!** Él se morirá de asco, ¡pero tú te morirás de risa!

# ¡MOSCAS, QUÉ PESADAS!

Si alguna vez has intentado matar una mosca y no lo conseguiste, mi infalible consejo es que *acudas a la alta tecnología*: **usa el matamoscas.** Podrás aniquilarlas de diez en diez.

## El cerebro de las moscas es más veloz que el de las computadoras modernas

El Instituto de Neurobiología Max Planck, en Alemania, ha demostrado que el cerebro de las moscas funciona a más velocidad que la mejor de las computadoras actuales. Su cerebro procesa varios movimientos en una fracción de segundo. ¡No hay quien las atrape!

Ven todo lo que ocurre en 360°, no solo de frente, como nosotros.
**¡Así cualquiera!**

Si sobrevivieran los descendientes de un par de moscas, en 4 meses tendríamos... **190.000.000.000.000.000.000** moscas.
¡No habrá caca para tanta mosca!

**¡UFFF, me he librado! ¡Qué manía de matarnos tienen los humanos!**

# LIMPIO COMO UNA MOSCA

**Las moscas no son tan cochinas como piensas.**
Se frotan las patas para quitarse la suciedad, que cae gracias a un líquido que producen.

Si intentas **darle un manotazo**, la mosca salta al revés. **¡Es una canija!**

Las moscas tienen **15 mil** papilas gustativas repartidas por sus patas.

**¡QUÉ FESTÍN, COMEN DE MIL EN MIL!**

Tengo traje negro,
Ojos como gafas,
Mis alas son transparentes
**Y a muchos yo mosqueo.**
¿Quién soy?

La mosca.

113

# POR SI LAS MOSCAS...

Si **las moscas son tu mayor enemigo,** te recomiendo que las conozcas a fondo.

Hay **más de trescientas mil especies** de moscas.

**Las moscas son 10 millones de veces más sensibles al azúcar** que la lengua humana.

Una mosca pone hasta **3 mil huevos** en treinta días. **¡Es una invasión!**

La mosca que vive en las casas **muere antes de un mes.**

Tienen dos ojos, y en cada uno hay **4 mil lentes.** ¿Te sabes la tabla del 4 mil? Pues 1X4,000 = 4,000, 2X4,000=8,000..., **¡sigue, sigue!**

I ♥ ASQUEROLOGÍA

114

# ¡QUÉ BARBARIDAD!

La mayoría de los insectos tienen 4 alas, pero **la mosca solo tiene 2. Pooobre.**

Pueden batir las alas hasta **200 veces por segundo.**

**Las moscas vomitan los alimentos antes de comerlos.** A parte de que es una asquerosidad, lo hacen porque **solo pueden tragar líquidos**, y su vómito hace líquida su comida.

Las moscas tienen una **sustancia pegajosa en las patas que les permite pegarse a cualquier superficie.**
**¡Como el Hombre Araña!**

¿Algo muy asqueroso? Las moscas hacen caca cada 4 o 5 minutos.

115

# TEST

# ... PARA BABOSOS

Si quieres saber cuánto sabes de babosas y moscas, ¡haz este TEST!

**1** **La babosa genera mucho moco**

A Siempre que haya humedad.

B Solo en invierno y si llueve mucho.

**2** **La mosca está en extinción, como los vampiros**

A No, porque se reproducen por millares.

B No, porque no hay quien las cace.

**3** **Las moscas notan los sabores**

A Con las patas, ¡no paran!

B Con la lengua, chupan todo.

**4** **Las moscas lo ven todo porque...**

A Tienen 4 mil ojos.

B Tienen dos ojos que ven casi 360°.

**ADIVINANZA**
No es hermosa,
pero sí escabrosa,
¿qué es esta cosa?

La babosa.

**5 La babosa tiene alas**

A ¡No, es un molusco!
B Le salen después de hibernar.

**6 La mosca tiene un par de alas**

A Aunque los insectos tienen cuatro.
B Sí, dos alas móviles y dos alas fijas.

**7 La babosa tiene dientes**

A Sí, en la boca, ¡como los perros!
B ¡No muerde!

**8 La babosa no tiene ojos**

A Sí los tiene, ¿si no, cómo vería?
B No le hacen falta, le bastan sus 4 antenas táctiles.

Bueno, bueno... pues yo tengo tres ojos...

**Mayoría de A**

No sé si mates muchas moscas, pero sabes **muchísimo** de ellas. ¡Y cuidado con las babosas! Por mucho que las conozcas, **son una fuente de infecciones**.

**Mayoría de B**

Moscas y babosas te dan tanto asco que no quieres saber nada de ellas.
¡Pero recuerda que un científico se debe a la ciencia!

# LOMBRICES

Puede que al leer sobre la lombriz te pique la nariz. **¡Mala suerte!** Es lo que tiene la asquerología: si algo te da asco todo *te pica, te pica, te pica.*
**La lombriz** es muy importante porque mueve la tierra, ¡no para de hacer hoyos! Y aunque te dé asquito, hay a quien **le encanta comer lombrices:** a los pájaros, las ratas, los peces, **¡y hasta hay tribus que se las comen!**

**Las lombrices** viven bajo tierra. **Necesitan humedad,** pero si llueve mucho salen a la superficie. Y si no hay agua, pueden ir hasta *2 metros bajo tierra para buscarla.*

## ¡VAYA BICHO!

Miden 7 cm u 8 cm y alguna especie hasta... ¡35 centímetros!
Pueden pesar hasta 11 gramos, ¡qué gorditas!
Su cuerpo está formado por anillos. ¡Tienen la boca en el primero!
No tienen pulmones, así que respiran por la piel.
Comen animales y vegetales que se están pudriendo.

## ¡PUAJ!

# A CACHITOS

La lombriz es como la lagartija: **si le cortas un trocito de su cuerpo, puede reproducirlo.**

Son **tan tragonas** que se comen el equivalente al **100% de su peso.** ¡Es como si te comieras tanta comida como kilos marca tu balanza!

# ¿DÓNDE TE ESCONDES?

**Bajo las uñas negras y mugrientas puede haber lombrices.** También en todos los objetos que puedas tocar con las manos. Y si esas manos van a la boca, los huevos llegan hasta el intestino delgado, donde salen las larvas. Y ya tienes lombrices en el estómago.

**¡Toda una asquerosidad!**

**Las lombrices son hermafroditas, o sea, niño y niña a la vez. Pero para reproducirse necesitan juntarse dos lombrices.**

**Una lombriz tiene hasta 5 corazones. ¡Como para contar los latidos!**

# LA TENIA, ¡VAYA GUSANO!

**La tenia** es un *parásito* que vive en el intestino y puede llegar a medir... **¡10 metros de largo!**

LOMBRICES COMESTIBLES

Hay gusanos que están muuuy ricos: *¡los de las gomitas!* **El más grande del mundo pesa 1.35 kg, mide 70 cm y tiene dos sabores.** Te confieso que soy un científico muy goloso, ¡me comería todos los gusanos de golosina, los pequeños y los grandes!

# CRECEN SIN PARAR

**La tenia** *clava sus garfios en las tripas de su víctima.* Crece generando interminables anillos y cada uno tiene aparatos reproductores de ambos sexos. **¡Todo un infierno en las tripas!**

## ¡COMER, COMER, COMER!

**La tenia** *no tiene tubo digestivo.* Claro, si viven dentro de uno, ¡¿para qué lo necesitan?! **Absorben el alimento que necesitan a través de la piel..** ¿Sabes qué es lo que más les gusta? ¡Los hidratos de carbono!

**Tampoco tienen ojos ni órganos sensibles a la luz. ¡Son ciegos!** Aunque claro, dentro de las tripas tampoco hay mucho que ver...

**¡JA, JA, JA!**
**Este gusano crece de año en año y sale por el...**

Trasero.

121

# TEST

# ... DE LA LOMBRIZ

Si quieres descubrir cuánto sabes de lombrices, responde a este TEST:

**1** **Las lombrices viven en...**

**A** Las narices de la gente cuando se resfría.
**B** Bajo tierra, y si está húmeda, mejor.

**2** **La tenia vive en las tripas...**

**A** De las computadoras y los teléfonos celulares.
**B** De las personas y de los animales.

**3** **¿Las lombrices son tragonas?**

**A** No. Pueden pasar días sin comer.
**B** Sí. ¡Comen el equivalente al 100% de su peso!

**4** **¿La tenia tiene anillos?**

**A** Ja, ja, ja... ¡y collares! Pues no, no le gustan las joyas.
**B** Sí, de hecho crece formando anillos.

## 5 Si tienes mugre en las uñas...

**A** Píntalas de negro para que no se vea.
**B** ¡Cuidadito, puede haber una lombriz!

## 6 ¿Cuántos corazones tiene una lombriz?

**A** Vaya pregunta..., ¡pues uno!
**B** No sé..., ¿cinco?

## 7 El plato favorito de la tenia

**A** Las proteínas, para ponerse cachas.
**B** Los hidratos de carbono, es una golosa.

## 8 ¿Cuántos ojos tiene la tenia?

**A** Uno al principio y otro al final.
**B** ¡Ninguno! ¡No ve!

### Mayoría de A

No sé si eres un científico súper listo o un tipo al que le encantan las asquerosidades, el caso es que eres una estrella. ¡Te las sabes todas!

### Mayoría de B

Déjalo así, no tienes mucha idea, pero hay asquerosidades tan asquersosas que es mejor no saber nada de ellas. ¡Ese es tu caso!

# CUCARACHA, CHA CHA CHA

Es una de las asquerosidades más inevitables. Está prácticamente *en todas las casas, en las calles y en los coches...* (Bueno, esto último no es verdad, no conducen, je, je).

¡Qué asquito! ¡Sin cabeza y siguen corriendoooo!

Hay 4 mil especies de cucarachas en todo el planeta. **¡Y solo 30 especies viven en la ciudad!** Llevan en la Tierra desde la época de los dinosaurios, y si la vida desapareciera del globo por una catástrofe, las cucarachas podrían sobrevivir. **¡No hay quien las eche!**

124

# ¡DÓNDE TENGO LA CABEZA!

Tienen el cerebro en el cuerpo. Así que **pueden vivir hasta 9 días sin cabeza.** Al final mueren porque no tienen boca para comer.

¿Cuánto tiempo aguantas sin respirar?

¡JA, JA, JA!

Pues la cucaracha puede **dejar de respirar durante 40 minutos** y sobrevivir bajo el agua media hora.

# ULTRASUPERVIVIENTES

No hay quien acabe con ellas. Soportan grandes dosis de radiactividad. *¡Sobrevivieron a las bombas nucleares de Hiroshima y Nagasaki!* También **pueden sobrevivir más de un mes sin agua.** Cuando no aguantan más, absorben la humedad del aire a través de su cuerpo. **¡Bien podríamos copiarlo los humanos!**

Comen de todo, desde comida hasta cuero, madera, ¡y pegamento!

**ADIVINANZA**
Dicen que la tía Cuca se arrastra con mala racha. ¿Quién será esa muchacha?

La cucaracha.

# SANGUIJUELA

¡Estoy lleno! Voy a dormir un par de añitos. ¡No molestar, por favor!

**Las sanguijuelas** *son vampiros más feos que Drácula.* **¡Y mucho más asquerosos!** Se alimentan de la sangre de sus víctimas, pueden beber tanta que los desangren. **¡PUAJ!**

## ¡VAYA BICHO!

Tienen TRES bocas y CIENTOS de dientes.
Pueden llegar a medir hasta 30 y 45 centímetros.
Tienen CINCO pares de ojos.
Tienen ¡32 cerebros! Sin embargo, no son muy listas.
Solo tienen 15 mil neuronas. ¡Vaya!
La abeja, que tiene 95 mil, es mucho más lista.

# EL DOCTOR SANGUIJUELA

Aunque hay muchas especies de sanguijuelas, **solo 15 se usan para curar enfermedades.** *Se coloca a la sanguijuela en el paciente y el bicho comienza a chupar sangre.* **No duele** porque la sanguijuela **produce sustancias analgésicas.** En su saliva hay enzimas y compuestos positivos para la salud del paciente. **¡Si antes no muere de asco!**

# ¡VAYA FESTÍN!

La sanguijuela es muy tragona. Si tiene oportunidad, puede tragar *hasta 5 veces su propio peso en sangre.* Eso sí, la digestión no es cosa de un par de horas. **¡Tarda de 3 a 18 meses en digerir todo lo que se ha tragado!** Claro, luego puede pasar hasta **2 años sin volver a comer.**

**La sanguijuela bebe despacito. Tarda 45 minutos en succionar** entre **10 mm y 15 mm** de sangre. **¿¿La saborea??**

# TEST SANGUINARIO

Si quieres descubrir cuánto sabes de cucarachas y sanguijuelas, ¡haz el TEST

**1** **La cucaracha aguanta sin respirar...**

A Lo mismo que cualquier otro insecto.

B ¡Hasta 40 minutos!

**2** **La sanguijuela se alimenta de sangre...**

A Y de todo lo que se encuentra por el camino.

B ¡Como los vampiros, solo comen sangre!

**3** **La digestión de la sanguijuela...**

A Es rápida porque come poco.

B Peor que si se tragara un elefante.
¡Puede durar hasta año y medio!

**4** **La radiactividad mata a las cucarachas...**

A Y a todo ser vivo sobre la Tierra.

B No, porque son megasupervivientes.

128

**5** ¿Cuántas bocas tiene la sanguijuela?

[A] Dos, con miles de dientes.
[B] Tres, con miles de dientes.

**6** La mayoría de las cucarachas viven...

[A] En la ciudad, buscan la suciedad de los residuos.
[B] En el campo, comen de todo.

**7** ¿Las sanguijuelas ayudan a las personas?

[A] Sí, prediciendo el tiempo.
[B] Sí, pueden curar enfermedades.

**8** Las cucarachas viven en la Tierra...

[A] Desde que empezó el cambio climático.
[B] Desde la época de los dinosaurios.

### Mayoría de A

¡Vaya científico de pacotilla! Cuando ves a una cucaracha la aplastas y gritas de asco. ¡Eso es porque no sabes todas las maravillas que la ciencia ha descubierto sobre ellas!

### Mayoría de B

Cucarachas, sanguijuelas, sapos o culebras... Te da lo mismo, tu ansia de saber está por encima de los animales más repugnantes del planeta. ¡Aunque te den asco!

# Y AHORA... UNA DE BICHOS

I ♥ ASQUEROLOGÍA

**Desde aquí veo a estos animalitos mucho mejor.**

Como has visto, hay cosas que, **aunque pequeñas, son asquerosas.** ¿Y qué pasa con las asquerosidades animales? **¡Esas no tienen fin!**

Antes de seguir leyendo mis *investigaciones asquerológicas, PIÉNSALO BIEN.* **Muchos de estos animales asquerosos están a tu alrededor.** Quizá pienses que son divertidos y graciosos, **¡pero son muy asquerosos!**

# EL VIAJERO ASQUEROSO

He viajado por todo el mundo **en busca de lo más hediondo, repugnante y asqueroso.** ¡Por eso ahora no salgo del laboratorio! Después de lo que he visto, hay cosas que dan mucho asquito.

# EQUIPO CIENTÍFICO

Hasta ahora un microscopio era suficiente para ver las asquerosidades más tremebundas. Pero ahora no te hace falta nada, ni una **lupa,** para ver las asquerosidades que te mostraré.

## Pinza con almohadillas
Hay asquerosidades más pestilentes que un pie rebozado en caca. **Ten a mano unas pinzas con almohadillas,** ¡para que no se te quede la nariz como una salchicha!

## Bata de explorador
La bata blanca no pasa desapercibida por la noche. ¡Y ocurren tantas cosas asquerosas en la oscuridad! Así que llevo la **bata camuflada con manchas verdes y cafés.**

## Gafas de buceo
No es que vaya a meterme bajo el agua. **¡Es que hay bichos con asquerosidades que salpican!**

La curiosidad es al científico como la ventosidad a la coliflor.

# LA RATA

Son las **«Top Ten»** de la asquerosidad. Tienen dientes más fuertes que el hierro o el acero. ¡Y se cuelan por cualquier agujero! Las pequeñas pueden levantar pesos de medio kilo y comprimir sus cuerpos para atravesar huecos pequeños del tamaño de una moneda.

En **Deshnok** (India), el templo **Karni Mata** es la residencia de unas **20 mil ratas**, las alimentan todos los días y **son sagradas.**

## ¡A CORRER!

**¿Por qué huyen los ratones de los gatos? Por su saliva.**
No es por miedo, ni por sus afiladas garras o por ser súper cazadores. Pero no, **tienen miedo de su saliva.**
El gato suelta una sustancia que activa el terror en los roedores. ¡Por eso huyen!

# ANIMAL TODOPODEROSO

¿Quién crees que aguanta más tiempo sin beber agua? **¿El camello o la rata?** Te sorprenderá, pero es... **¡LA RATA!** Poseen funciones corporales que les permiten producir su propia agua. ¡PUAJ!

# SÚPER ATLÉTICAS

Las ratas pueden **saltar** hasta **un metro en vertical.** Y pueden **caer desde más de 20 metros de altura sin un rasguño.** ¿Te parece poco? ¡También nadan hasta 72 horas sin parar!

**Cuando una rata muere,** las demás la olfatean. Así averiguan lo que ha comido. Dejan de comerlo porque creen que es lo que la ha matado. ¡Por eso es tan difícil envenenarlas!

¡Qué listas!

Las ratas hacen caca **25 mil veces al año,** ¡y es una caca súper apestosa!

# EL MURCIÉLAGO

¡Qué asco, huele a naftalina!

Si hay naftalina nos vamos. ¡La ponen los humanos porque no nos quieren cerca!

Hasta hoy se conocen **1,240 especies de murciélagos.** Aunque den mucho asco, nos hacen la vida más fácil, y son **súper listos.** ¡Tienen un sistema único en el planeta para moverse por el sonido!

# EL INSECTICIDA

Los murciélagos de las ciudades pueden comer casi **14 mil kilos de insectos en una sola noche. ¡Eso sí que es un antimosquitos!** También comen insectos de los campos y evitan plagas. ¡Quiero un murciélago en mi laboratorio!

# ¡QUÉ VIAJE!

Por las noches los murciélagos no paran. **Pueden dispersar más de 30 mil semillas pequeñas en una noche.** ¡Les gusta la fiesta nocturna!

En el Reino Unido, los murciélagos están protegidos. **¡ARGGG!**

Los murciélagos son **súper ruidosos. ¡Pueden emitir 140 decibelios!** Para que te hagas una idea: nosotros podemos soportar hasta 120 dB. ¡Algo más ruidoso nos hace daño en los oídos!

**Robo-Bat**
En EE. UU. han creado un robot-murciélago. ¡Y no es tan asqueroso como los de verdad!

# MURCIÉLAGOS A LA CARTA

## EL GRANDULÓN

El zorro volador es un murciélago gigante. Sus alas abiertas miden **1.80 m...**
**¡Verlo volar da miedito!**

### Pequeños tragones
Una especie de pequeño murciélago puede comer hasta mil mosquitos en una hora.

## MURCIÉLAGO VAMPIRO
El murciélago común come **sangre.** Sus dientes son súper afilados para hacer cortes nítidos y rápidos. **La saliva tiene anticoagulantes para que la sangre brote con facilidad y pueda tragar a gusto.**

## ¡ARGGG!

# MURCIÉLAGOS RARITOS

Es el único mamífero volador, son tantos que llegan casi al 20% de los mamíferos. ¡Menos mal que solo se activan por la noche!

En una especie que vive en México, la madre identifica a su cría entre 4 mil murciélagos bebés apiñados en un metro cuadrado.

En África, hay una especie de murciélago que oye a un escarabajo caminando en la arena a una distancia de dos metros.

Hay una especie que come ranas, y saben cuáles son venenosas solo con escuchar a las ranas masculinas en celo.

En Norteamérica, el murciélago rojo puede soportar una temperatura corporal de -5°C en invierno. ¡BRRR!

**A LA IZQUIERDA**

**Tráfico correcto**
Los murciélagos dan la vuelta siempre a la izquierda al salir de una cueva.

**El baño diario**
Los murciélagos son animales muy limpios y se asean a sí mismos constantemente. ¡Qué coquetos!

El único lugar de la Tierra donde no hay murciélagos es... ¡la Antártida!

137

# TEST

# ¡RATONUDO!

Si quieres descubrir cuánto sabes de **ratas** y **murciélagos**, ¡haz este TEST!

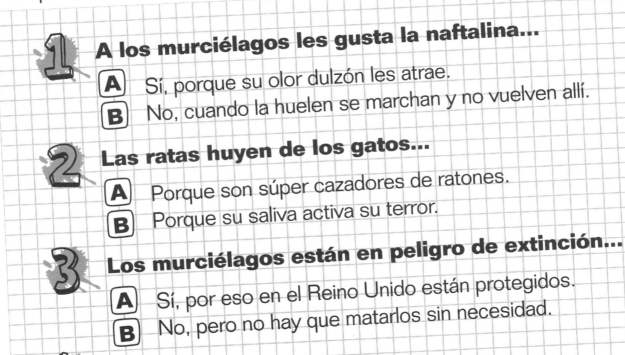

**1** **A los murciélagos les gusta la naftalina...**

- **A** Sí, porque su olor dulzón les atrae.
- **B** No, cuando la huelen se marchan y no vuelven allí.

**2** **Las ratas huyen de los gatos...**

- **A** Porque son súper cazadores de ratones.
- **B** Porque su saliva activa su terror.

**3** **Los murciélagos están en peligro de extinción...**

- **A** Sí, por eso en el Reino Unido están protegidos.
- **B** No, pero no hay que matarlos sin necesidad.

**4** **Cuando una rata muere...**

- **A** Las demás ratas se la comen. ¡Puaj!
- **B** Las demás ratas la olfatean. ¡Puaj, puaj!

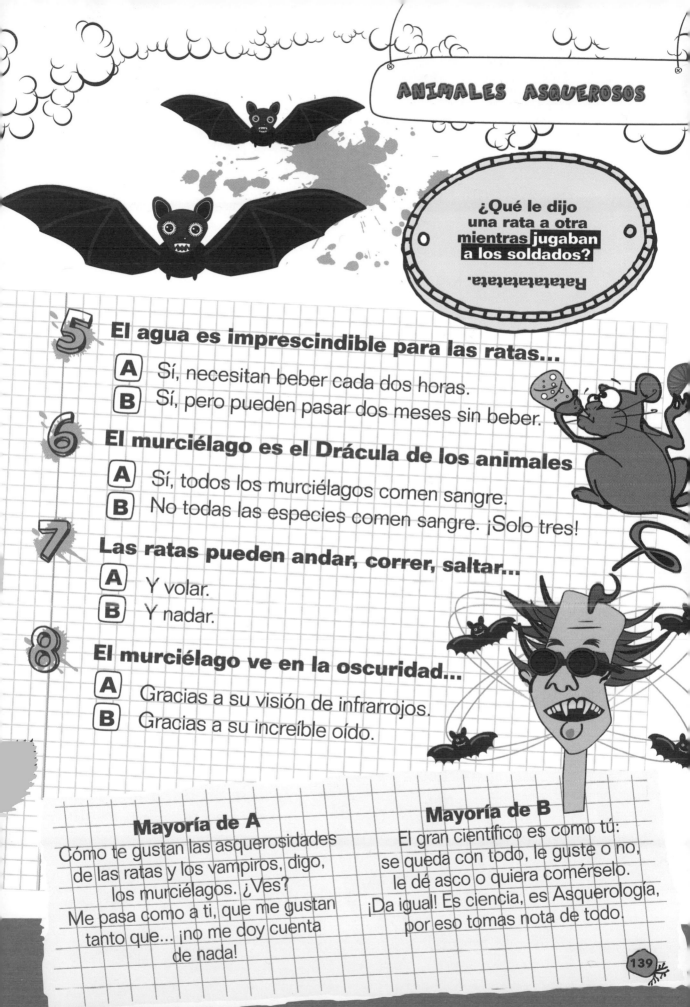

¿Qué le dijo una rata a otra mientras jugaban a los soldados?

Ratatatatata.

**5** **El agua es imprescindible para las ratas...**

**A** Sí, necesitan beber cada dos horas.

**B** Sí, pero pueden pasar dos meses sin beber.

**6** **El murciélago es el Drácula de los animales**

**A** Sí, todos los murciélagos comen sangre.

**B** No todas las especies comen sangre. ¡Solo tres!

**7** **Las ratas pueden andar, correr, saltar...**

**A** Y volar.

**B** Y nadar.

**8** **El murciélago ve en la oscuridad...**

**A** Gracias a su visión de infrarrojos.

**B** Gracias a su increíble oído.

**Mayoría de A**

Cómo te gustan las asquerosidades de las ratas y los vampiros, digo, los murciélagos. ¿Ves? Me pasa como a ti, que me gustan tanto que... ¡no me doy cuenta de nada!

**Mayoría de B**

El gran científico es como tú: se queda con todo, le guste o no, le dé asco o quiera comérselo. ¡Da igual! Es ciencia, es Asquerología, por eso tomas nota de todo.

# EL GATO ESFINGE

¿Que son cariñosos? ¡Son unos **COQUETOS!**

**El sphynx, gato esfinge o gato egipcio,** es una raza de gato SIN PELO. No es que les diera por depilarse, es que nacieron así, son una raza gatuna diferente a las demás.

**No se lamen.** Sabrás que los gatos son muy limpiecitos, se lamen para darse un baño. Pero este es **más cochino, aunque produce una capa de grasa, hay que quitársela.** ¡Es un flojo!

MMM... ¡AL RICO RATONCILLO!

**El gato esfinge** es cariñoso, no le gustan las peleas, sabe hacer amigos y es bastante inteligente.

¡SIEMPRE CURIOSOS!

¡NO TIENE PESTAÑAS!

# RARO, RARO, RARO

**Cabeza** triangular con pómulos salientes. Ojos enormes con forma de limón redondeado. **Nariz** corta.

**Orejas** muy grandes y abiertas. **Cuello** largo, muy musculoso.

**Cuerpo** fino, pero musculoso. **Cola** muy larga, fina y flexible.

El gato esfinge no tiene pelo por una **mutación** de la raza devon rex.

141

# ¿ERES COCHINÓN O ASQUEROSETE?

¿Gastas bromas cochinas y asquerosas o... no? ¡Haz el TEST y lo sabrás!

**1** **Si ves un bichito muerto...**

[A] Avisas a tus padres para que lo maten. ¡Aunque esté muerto!

[B] Lo coges con cuidado, se te está ocurriendo una idea...

**2** **Si ves un bichito vivo...**

[A] Sales corriendo, ¡puede comerte!

[B] Lo cazas como sea, y sin que nadie se entere, je, je, je.

**3** **Tu experimento favorito...**

[A] Plantar semillas de melón en un yogurt.

[B] Una lupa, un rayo de sol, un hormiguero...

**4** **Hay una pesadilla que te aterra...**

[A] Aparecen unas hormigas y se comen tu merienda.

[B] Aparece tu hermana y se come tu merienda.

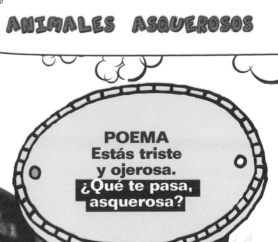

**POEMA**
Estás triste
y ojerosa.
¿Qué te pasa,
asquerosa?

## 5 Si la pesadilla te despierta...

**A** Te vas al cuarto de tus papás, ¡corriendo!

**B** Despiertas a tu hermana... ¡con hormigas!

## 6 Si encuentras moho en el queso...

**A** ¡Qué assssscooo!

**B** Lo dejas que se pudra más, a ver si salen gusanos.

## 7 Tu mascota ideal es...

**A** El perro de porcelana que hay en el salón.

**B** El bóxer, ¡te encantan sus babas!

## 8 ¿Qué haces con el matamoscas de la cocina?

**A** Lo coges con guantes, tu hermana es la que las mata.

**B** Es tu arma preferida, para matar moscas
o chantajear a tu hermana.

### Mayoría de A

No gastarías una broma ni en un concurso con dulces como premio al mejor bromista. No es que seas serio, es que si se ríen mucho te da asco verles los dientes...

### Mayoría de B

Eres un cochinón en potencia, un cochinón todoterreno, te da igual la víctima que la materia. ¡Por mucho asco que dé, lo importante es pasártela súper bién!

143

# LAS ARAÑAS

**El Hombre Araña** tiene los poderes de una araña, ¡qué maravilla! **Lanza hilos súper potentes, se sube por las paredes y tiene una mega visión.** ¡Menos mal que no le da por morder!

## ARAÑA PERFORATODO
La araña **Atrax de Australia** tiene unos colmillos tan, tan, pero tan fuertes, que **pueden atravesar un zapato.** Eso no es lo peor. Lo peor es que su picadura es la más potente del mundo. ¡Puede matar a una persona en menos de una hora!

# ¡VAYA TELA!

Aunque la tela de araña te dé mucho asco, cada vez que te topas con una piensa: **el hilo de una araña es más resiste que un filamento de acero de igual grosor.** ¡Y se estira hasta **30 veces** sin romperse!

# ¡QUÉ PEGAJOSAS!

La tela de araña es más **resistente al contacto con el agua.** Ha inspirado pegamentos y adhesivos para la ingeniería submarina.
**¡SÚPER: GLU, GLU, GLU!**

La telaraña se usa para fabricar **cuerdas de violín y partes de robots.**

Si una telaraña está vacía, **llega otra araña y la ocupa.** ¡El que se fue a la villa perdió su silla!

**La araña saltarina** de Centroamérica y México **es la única araña herbívora del mundo.** ¡Al fin un bicho vegetariano!

**Las arañas que más viven son las tarántulas ctenizidae. Pueden vivir hasta 20 años.**

145

# LA MEDUSA

A las medusas también se las llama **aguamalas, malaguas, aguavivas, aguacuajada o lágrimas de mar.**

Aunque seas un valiente a quien nada le da ni miedo ni asco, si estás en el mar y te encuentras una medusa. ¡Vete! **Sus tentáculos son venenosos, incluso si están muertos en la arena.**

Son tan simples que por no tener **no tienen cerebro, ni corazón, ¡ni estómago! Comen por la boca y hacen caca por la boca también... ¡Pero qué asco!** Eso sí, las hay de todos los tamaños, hasta **XXXXL.** Esa se llama la **gigante roja.** Crece hasta 1 metro de diámetro y vive a una profundidad de 650 a 1,500 metros.

En China y en Japón hacen **hamburguesas de medusas**. Voy a probar esta...

# LA PIPÍ QUE CURA

¿Quieres saber cómo se cura la picadura de una medusa? **¡Tienes que hacer pipí encima de la herida!** Claro, te parecerá una cochinada, pero si te pica una ya verás que si lo haces.

# MEDUSA INMORTAL

Hay una medusa que nunca muere: **la turritopsis nutricula**. No es que beba ninguna pócima ni se bañe en leche de burra, como Cleopatra. **Resulta que cuando es adulta regresa a su forma juvenil.** Repite este ciclo vital hasta el infinito y más allá.

El **chicharro** es inmune al **veneno de las medusas.** Por eso se esconden entre sus tentáculos, para que no les vean los predadores.

La medusa Avispa de mar es la más letal del mundo. Su picadura puede causar la muerte en minutos.

147

# TEST

# ¿QUÉ TIPO DE CIENTÍFICO ERES?

Si quieres saber qué tipo de científico eres, ¡haz este TEST!

**1** **En tu habitación tienes botes...**

[A] Con todo tipo de bichos, ungüentos y cosas raras.

[B] Con canicas, cromos, tornillos...

**2** **Siempre llevas contigo una libreta...**

[A] Por si vas al baño y se te ocurre una idea.

[B] Por si vas al baño y no tienes papel.

**3** **Dicen que eres un preguntón empedernido...**

[A] Mi primera palabra de pequeño fue «Po-qué...».

[B] Preguntas «¿A qué hora comemos?» a cada rato.

**4** **En clase de dibujo eres muy bueno...**

[A] Dibujando cosas raras que nadie entiende, menos tú.

[B] Copiando los dibujos del profe, ¡son fáciles!

Si quieres un verdadero reto científico, responde: Qué fue antes, **¿el huevo o la gallina?**

## 5 Tu idioma favorito es...

**A** El latín, ¡por los nombres de botánica y zoología!

**B** El inglés, ¡hay tantas películas chidas en versión original!

## 6 Para tu cumple pediste una grabadora...

**A** Para grabar sonidos de animales nocturnos.

**B** Para grabar los ronquidos nocturnos de tu hermana.

## 7 Te gusta hacer fotos con el teléfono celular de tus padres...

**A** Fotografías bichos, libros, puestas de sol...

**B** Fotografías a tu hermana en el baño, ¡se enoja mucho!

## 8 Experimentas en la cocina...

**A** Con los líquidos que te dejan tus padres.

**B** Mezclando crema de cacao con mermelada.

### Mayoría de A

Puede que no sigas todas las reglas de la ciencia y hagas mezclas raras, pero ¡así es la Asquerología! Un verdadero científico nunca ve los límites, por asquerosos que sean.

### Mayoría de B

Quizá te guste la ciencia, pero te falta la curiosidad y el rigor de un científico. ¿Has pensado en dedicarte al deporte?

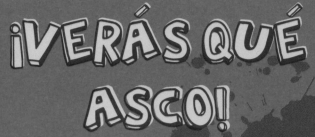

# BROMA

## ¡VERÁS QUÉ ASCO!

JA, JA, JA

**Utiliza tu cabecita cochinona** para hacer bromas asquerosas, aquí te damos unas ideas, *¡hazlas todas!*

## 1

JA, JA, JA

### Colgar arañas

**Cuelga encima de una puerta una araña de goma o una peluca.** Que cuelgue bastante del techo, para que cuando tu víctima entre en la habitación la puerta la aleje, y luego se estampe en su cara al grito de **¡AHHHHHHH!**

Consejo
Para mayor risa, ten a mano un teléfono celular y graba la broma. ¡Podrás reírte hasta que te duelan las tripas!

## 2

### Burguer de gusanos

Si alguna vez comes hamburguesas en casa o fuera, no pierdas la oportunidad. **Mete gusanos de gomitas o un trozo de cordón.** ¡Verás qué asco al primer mordisco!

I ♥ ASQUEROLOGÍA

JA, JA, JA

**3**

**JA, JA, JA**

## Medusa en la ducha

Cuando alguien de tu familia está en la regadera, prepara tu broma cochina. Sin que se dé cuenta, **haz que el trapeador toque su cabeza, como si fueran los tentáculos de una medusa.** ¡Qué ascooo!

Con tanta broma asquerosa no hay quien investigue.

**4**

## Rata en la cocina

**Envuelve una pelota de tenis con una tela café y pega un cordón también café.** Haz rodar la pelota por el suelo disimuladamente hasta que alguien grite que ha visto... ¡una raaataaa!

**JA, JA, JA**

### ¡ATENCIÓN!
Por muy asquerosa que sea tu broma, procura que sea respetuosa. Ya sabes, ¡la broma no es broma si el otro no se ríe!

*Asquerología*, de Myriam Sayalero
se terminó de imprimir en febrero de 2016
en los talleres de
Litográfica Ingramex, S.A. de C.V.
Centeno 162-1, Col. Granjas Esmeralda, C.P. 09810, México D.F.